保護者の積極的な関わりを引きだすために

家族と向きあう不登校臨床

中西康介 著

誠信書房

はじめに

　本書は，心理的援助の専門職の方向けに，思春期の子どもやその家族，とりわけ不登校の当事者とその親への治療的関わりについて書かれたものです。病院臨床における事例をもとに，現場にいる援助者の方々が，臨床のなかで応用できる治療的アプローチを紹介しています。同時に，方法の根拠となる原理原則について問いなおす作業は，本書の一貫したテーマとなっております。

　ところで，思春期と不登校の関係とは，いかにとらえられるものでしょうか。私の師は「思春期はすべての精神病理を一過性に経験する」と言いましたが，これは疑う余地のない原理原則であると思われます。それゆえに，思春期を語るのは広大な海について語るようなもので，そこには果てしない広がりと深みがあります。荒れ狂ったり穏やかになったり，一定であることがほとんどなく上下変動もまた激しい。そのなかで転覆しないよう，行き先を見失わないよう，必死でバランスをとっているのが，不登校の子どもやその家族なのかもしれません。

　思春期の精神病理は，枚挙に暇（いとま）がないほど数多く存在します。そのなかで，古くて新しいテーマではありながら，不登校ほど思春期を強く象徴する現象はほかに思い当たりません。その意味で，不登校に対する理解を深めていくことは，その他の思春期の精神病理においても，かなりの部分で応用できるはずです。以下は本書における各章の概略です。

■第1章　不登校の背景

　前半では不登校の最新のトピックと，そこに向かうまでの歴史的変遷を詳細に記述しました。現在国が進めている対応策に対する反応は，同

じ不登校の当事者のなかでも学校以外の場所であれば行ける子どもと，家から出られない子どもとの間で，かなり大きな隔たりがあるようです。後半では，第二次反抗期という概念に対する社会的位置づけの変化について検討を行ないました。また第二次反抗期の形骸化と，現代の不登校との関連性について考察を行なっています。この部分は，以降の章にもつながっていく本書の重要なテーマとなっています。

■第2章　不登校の予後

不登校の予後に関して，健康に関する国際基準となっている心理・身体・社会・経済・倫理の5つの側面から事例とデータをもとに考察を行なっています。とくに，あまり着目されない倫理的健康は，それが欠如した場合に，危機的状況を本人と家族にもたらします。この点についてはかなりの注意が必要であるため，根拠となる部分については丁寧かつ詳細に掘り下げて考察を行なっています。

■第3章　不登校の子を持つ保護者との出会い

不登校臨床においては，まずもって保護者との関係の構築が必須事項となります。しかし，治療の場に訪れるまでの過程で，保護者が強い被害感情を抱えている場合は少なくありません。対応次第では，相談の場を利用することが二次的ストレスにつながることもあります。そのような理由から，治療場面で信頼関係を構築するためのさらに前段階として，出会いの場から始まる「治療的接遇」の仕方について，写真を用いて具体例を紹介しています。

■第4章　保護者のみの初回面接は必須か

不登校の子どもの治療に際して，事前に保護者のみとの初回面接を行なう場合の導入の仕方について検討を行ないました。そもそも保護者面接を行なうことの目的は何か，どのような効果が期待できるのか，もし行なうのであればいつどのタイミングで，いかなる枠を設定するべきか。どのようなケースにも対応できる形を目指すというよりは，必要に

応じてさまざまなパターンを使い分けられるよう，一般的なインテーク面接と比較しながら，それぞれの方法の有効性と限界について考察を行なっています。

■ 第5章　父性的存在に求められる役割

不登校の子どもの相談で来院される保護者のほとんどは母親です。むしろ父親にこそ積極的に治療のなかに加わってもらいたいのですが，なかなかそうはいかないのが現実です。父親が治療に関わることは，河合隼雄氏のいう父性原理「切断すること」を家庭のなかに求める試みともいえます。母性原理に偏重した現代社会への危惧とともに，なぜ父性原理が不登校臨床において重要な意味をもつのかという点について考察を行なっています。「第二次反抗期の存在否定」と併せて，父性原理による「断ち切り」の重要性は，以降の事例研究におけるキーワードとなっています。

■ 第6章　不登校児への治療的関わり

両親が揃っている家庭とそうでない家庭の違い，および子どもの不登校という状況に対する対応方針「見守り型」と「積極関与型」の違いが，登校復帰にどのように関わってくるかについて，理論と実践の両面から考察を行ないました。思春期に特有な心性についても詳細に解説を加えていますが，このことを理解することは，不登校の子どもの内面で起きている現象を紐解くうえで非常に重要な視点となります。また，父性原理を応用した治療法に必要な「3つの治療契約」についても，その理論的根拠を詳細に記述しています。

■ 第7章　「父性原理的アプローチ」により登校復帰へと結びついた事例

父性原理である「断ち切り」が，不登校の子どもにとってなぜ必要なのか，回復過程においてどのように関わってくるのか。実際に登校復帰へと結びついた事例を取り上げ，家族合同面接における緊迫感のあるやりとりを紹介しています。そのうえで，父性原理的アプローチを行なえ

る条件,およびその有効性と限界についても考察を行ないました。

■ 第8章　終わらなかった不登校の事例

第7章とは対照的に,「終わらなかった不登校」の事例を紹介しています。前半では,共感の本来の意味,共感する際の注意点,および家庭環境だけでは説明のつかない当事者の素因について検討を行ないました。後半では,3つの治療契約が揺らいできた場合に起こりやすい問題,および父性的存在の協力が得られず,母性原理のみに頼った治療に訪れる限界について考察を行ないました。

■ 第9章　登校復帰できなかった後の対応

登校復帰に向けてのアプローチの理論と実践に関して,現実にはそれがうまく作用することばかりではありません。最終章では,登校復帰に至らなかった際に必要な,クライアントへの対応について考えていきたいと思います。重要なのは,最初の治療契約の段階で,登校復帰は「目的」ではなく「手段」であることを保護者の方に納得してもらうことです。仮に登校復帰できないまま学校を卒業するに至ったとしても,治療中断にならないような関係を構築していくための,考え方についてまとめました。

目次

はじめに　*iii*

プロローグ——ある思春期のこころ　*1*

第1章　不登校の背景　………………………………… *6*

第1節　日本の不登校の経緯　*6*

　1　不登校の長期化と低年齢化　*6*　　2　国民学校令と学校教育法　*7*　　3　概念と要因研究の変遷　*9*　　4　日本の不登校の転換期　*11*　　5　公教育における代替手段の未整備　*11*　　6　教育の画一性にともなう社会的利得　*12*

第2節　日本における不登校への対応の現状　*15*

　1　不利益を被らない環境整備への転換　*15*　　2　フリースクール認可検討の動き　*16*　　3　「勝ち組不登校」と「負け組不登校」　*16*　　4　当事者とその家族の本音　*17*

第3節　現代の不登校の要因　*19*

　1　第二次反抗期の存在を否定する社会　*19*　　2　反抗期とは何か

19 　3　思春期に典型的な精神病理　*21*　　4　男児にとっての父母の存在　*22*　　5　女児にとっての父母の存在　*23*　　6　第二次反抗期の存在否定による弊害　*24*　　7　不登校の増加と第二次反抗期との関連　*25*

第2章　不登校の予後 …………………………… *27*

第1節　健康に関する国際基準　*27*

第2節　心理的健康と自尊感情　*28*

　1　「不登校であった自分」への劣等感　*28*　　2　「自分のために叱ってもらった体験」と自尊感情の関連　*30*

第3節　身体的健康と生活リズム　*31*

　1　高齢者用栄養剤が処方される若者　*31*　　2　栄養障害と睡眠リズム障害の悪循環　*33*

第4節　社会的健康と適応性　*35*

　1　不登校経験者はどこへ行くのか　*35*　　2　転々と変わっていく居場所と人間関係　*37*　　3　「事後報告」に象徴される人間不信　*37*　　4　満たされなくなる「構ってほしい」欲求　*39*

第5節　経済的健康と将来の賃金　*40*

　1　将来における賃金格差をもたらすもの　*40*　　2　子どもには響かない将来のお金の話　*41*　　3　希望としての教育を受け取らない

選択の反動　42　　4　臨床家にとって避けて通れないテーマ　43

第6節　倫理的健康と人間の尊厳　43

　　1　「人と人との間」によって規定される日本人の行動　43　　2　家族によって隠される当事者の存在　45　　3　バッシングから逃れるための免罪符　46

第3章　不登校の子を持つ保護者との出会い　50

第1節　保護者と出会う前の心構え　50

　　1　保護者が抱える被害感情　50　　2　治療者のなかにある「家族因」論　52

第2節　保護者への接遇――信頼関係構築への第一歩　53

　　1　自分より若い治療者に対する不安　53　　2　保護者の信頼を得なければ続かない子どもの通院　54　　3　「治療的接遇」の重要性　55

第3節　治療的接遇の実例(1)――待合室の中　56

　　1　待合室での応対　56　　2　面接室への案内　59

第4節　治療的接遇の実例(2)――面接室の中　61

　　1　自己紹介の仕方　61　　2　距離と位置関係　64　　3　面接の終わり方　67

第4章 保護者のみの初回面接は必須か …………… 70

第1節 ひとりのクライアントとして保護者を迎え入れる　70

1　保護者面接とは何か——見立てにおけるメリット　70　　2　事前保護者面接の試験的導入　71　　3　保護者面接と料金の設定　72　　4　物理的な枠づけと保障　75

第2節 保護者面接と従来型面接の比較　76

1　事前保護者面接実施グループの概要　76　　2　初回で終結した事例　76　　3　事前保護者面接の結果　77　　4　従来型面接実施グループの概要　78　　5　従来型面接の結果　79

第3節 保護者面接の有効性と限界　79

1　時間のロスの問題　80　　2　信頼関係の問題　81　　3　当事者意識の問題　81　　4　担当者決定の問題　82　　5　心理士同士の関係性の問題　86　　6　まとめ——柔軟性が求められる治療構造　87

第5章 父性的存在に求められる役割 …………… 91

第1節 父親の「家庭回帰論」に関する歴史的変遷　91

1　父親不在で行なわれる治療　91　　2　日本社会における父親不在　92　　3　父親の「家庭回帰論」に関する2つの流れ　92

第2節　男女の権力闘争としての父親論　*93*

1　対立する「父性復権論」と「ケアラーとしての父親論」　*93*
2　「二人目の母親」化する父親　*94*　　3　パターナリズムとフェミニズム　*95*

第3節　父性原理と母性原理　*96*

1　母性原理偏重社会への批判　*97*　　2　母性原理の肥大化と引きこもり　*97*　　3　家庭内に求められている父性原理　*98*

第6章　不登校児への治療的関わり ……………… *99*

第1節　父性原理を応用した治療法　*99*

1　登校復帰へのアプローチに関する研究の概要　*99*　　2　対象となった不登校児の臨床像　*99*　　3　初診時における対象者の属性　*100*　　4　対象者の家族構成と不登校との関連　*100*　　5　治療契約上の留意点　*102*　　6　「見守り型」と「積極関与型」　*102*　　7　2群における改善率の比較　*104*　　8　見守り型から積極関与型への転換　*105*

第2節　不登校児に共通する症状　*106*

1　思春期における強迫的心性　*106*　　2　強迫的心性と不登校との関連　*107*　　3　強迫観念にともなう睡眠リズム障害　*108*　　4　緊張緩和にともなう日中の傾眠　*109*　　5　「起立性調節障害」という疾患名の弊害　*110*　　6　不登校児において選択されやすい心身症状　*111*

第3節　父性原理的アプローチの理論的根拠　*112*

1　3つの治療契約　*112*　　2　登校刺激を与えることへの迷い　*112*　　3　3つの治療契約⑴——部分登校を目指す　*113*　　4　3つの治療契約⑵——登校の代替として病院受診を求める　*114*　　5　3つの治療契約⑶——欠席しても規則正しい生活を守る　*116*

第7章　「父性原理的アプローチ」により登校復帰へと結びついた事例 …… *117*

第1節　不登校事例の概要　*117*

第2節　治療契約と治療方針の決定　*118*

1　3つの治療契約と非言語的治療法　*118*　　2　家庭内での登校刺激に関する教示　*119*

第3節　母親のみ孤軍奮闘した治療過程　*120*

第4節　家族合同面接　*121*

1　父親の当事者意識　*121*　　2　治療者による父親への反抗期的な構え　*123*　　3　父親のなかの父性原理を喚起する介入　*123*　　4　訪れた転機　*125*

第5節　考察　*125*

1　学校を休んだ事実を否認するための防衛　*125*　　2　思春期特

有の時間感覚　*127*　　3　介入してよい条件とタイミング　*129*

第6節　本事例のまとめ──父性原理的アプローチの有効性と限界
　　　　129

第8章　終わらなかった不登校の事例 ……………… *131*

第1節　治療の経過　*131*

　1　事例の概要　*131*　　2　当初は治療協力的だった両親　*132*
　3　外部に対する接触拒否へとつながった出来事　*132*　　4　父親
　の態度変化　*133*

第2節　本当の意味での共感とは何か　*133*

　1　相手の心への想像力を働かせること　*133*　　2　あらゆる技法
　が必要なくなるとき　*135*

第3節　共感する際に注意が必要なこと　*136*

　1　本当に「不登校に戻った」のか　*136*　　2　欠席し続ける生活
　の保証　*136*　　3　他罰的感情の増大　*138*　　4　毎日出席してい
　る子どもへの「逆差別」　*138*　　5　他者の存在に対する共感的理解
　140

第4節　治療経過における分岐点　*140*

　1　「登校できた一日」の余韻には浸れない　*140*　　2　3つの治療
　契約に対する揺らぎ　*141*　　3　「包み込む」母性原理のみの家庭に

訪れる限界　142

第5節　本事例のまとめ――家族を本来あるべき姿に戻す試み　144

第9章　登校復帰できなかった後の対応　145

第1節　前提条件を考える　145

1　額面通りに受け止められない主訴　145　　2　登校復帰は目的ではなく手段　146

第2節　終わり方を考える　147

1　中断のパターンからみえる実績　147　　2　いつの間にか途絶えるパターン　148　　3　時間的なデッドラインを迎えるパターン　148

第3節　生き方について考える　151

1　赤ん坊にみられる生まれもった性質　151　　2　自らの意思を決める意思　152　　3　兄弟姉妹が同時に不登校にならない理由　153　　4　「あのときこうしていれば」という幻想　153

おわりに　157
文　献　161

プロローグ
ある思春期のこころ

　1994年（平成6）に，日本人初の女性宇宙飛行士・向井千秋さんが宇宙に飛び立ちました。この年大江健三郎さんがノーベル文学賞を受賞し，「イチロー効果」などが流行語となる一方で，オウム真理教による「松本サリン事件」のような社会の根幹を揺さぶる出来事が起きています。

　明るい話題と暗い話題が混在したこの時代は，思春期の子どもが発する強烈な第二次反抗期というものが，家庭や学校のなかでかろうじて受け止められていた時代でもありました。

　そんな1994年に中学校2年生になった私は，これからの生活が細かく決められ，管理されていくことに絶望していました。「目的は何ですか」「何のためにこれをやるんですか」素朴な疑問を投げかけること自体，歓迎されないことを強く思い知らされました。「そういう決まりだから」という空気は，質問する意志を遮る無言の圧力として感じられました。先生にとって物分かりのよい素直な子が優遇される。「なぜですか」という問いは，ここではタブーである。出る杭は容赦なく打たれる。

　　「ここは刑務所と同じじゃないか。もしそうでないのなら，正当
　　な理由があってこのシステムが維持されているのなら，誰か答えを
　　教えて……」

　このようなことばかり考えていましたが，実際に誰かに聞いてみたという記憶はありません。次第に私の第二次反抗期は，学校という巨大な

仕組みと，その秩序を守らんとする先生に対する反発へと向けられていきました。

　怒りと同時に，孤独感も同じくらい強く感じていました。いわゆる不良とよばれる同級生たちとは，先生たちへの反発という点では共鳴し，部分的に行動をともにすることはありました。ですが，彼らは彼らで，どこか自分とは違う衝動に突き動かされているように感じられました。

　また，彼らは学校に来ないこともありましたが，私はどういうわけか，憎くて仕方のない学校を，欠席するという選択肢はもち合わせていませんでした。家にいても反発するエネルギーをもて余してしまうからか，自分がいないことで教室に平穏が訪れるのが許せなかったからか。あるいは欠席したら負けだというプライドか，それとも自分の存在が忘れられていくのが怖かったのか。

　むしろ自分の関心は，「ふつうの子たち」の心のなかにありました。「ねぇ，学校についてどう思う？」「ねぇ，先生の言うことって正しいと思う？」そうやって認識の違いを，会話を通じて埋めていく作業が本当は必要でした。しかし闘い方を間違えた，というより知らなかった私は，味方になってもらうべき大多数のクラスメートを，次第に「悪しき傍観者」として軽蔑するようになりました。

　自分という人間は存在しているけれども，今生きている現実に違和感を抱えている自分という存在は周りからは多分見えていない。当時好きだったロックバンドＸ japanの『紅』という曲の「俺が見えないのかすぐ傍(そば)にいるのに」という歌詞に自分を重ねました。バンドのギタリストhideに憧れギターを買ってひとりで練習したりもしました。

　しかし，不良でもなく，まじめでもない，よく分からない自分の立ち位置に，孤独感や不安感は募る一方でした。なんとなく一緒に行動していた友人とは，互いの共感の接点がどこにあるのか，それすらよく分かりませんでした。自分の気持ちなんか誰も理解してくれない，いやできるはずがない。世界中で独りだけの悩みのようで，世界中の悩みを独りで背負っているような，自分勝手な使命感を頼りに必死でもがいていました。

中学2年生のある日の下校時，とうとう自分を含め4人の生徒が担任の先生に呼び出されました。4人は薄暗い教室の四つ角に正座を命じられ，私語は禁止され，1人ずつ隣の教室に連れていかれました。

　隣の教室からは，「バシン！」「バシン！」という鈍い音と，嗚咽が聴こえました。迫り来る恐怖で，ガタガタ震えました。自分の番が来ました。右手で左の頬を，よろけて倒れそうになると，左手で右の頬を，その繰り返しのなかで，「お前らは……！」「お前らは……！」何か言われているけれども，内容が頭に入らなくなり，次第に意識が遠のいていきました。

　「そういえば，小学校のときにも同じ経験をしたなぁ……。自分も大人たちも，全然進歩してないなぁ……」。不思議と担任の先生に恨めしい感情はなく，かといって感謝もしなかった。ただ，このときは「これでやっと少し休憩できる」という安堵感だけが残りました。

　しばらくの時間，怒りの衝動は沈静化していましたが，相変わらず根本的な疑問は何一つ解決されておらず，くすぶっていたエネルギーは再び熱を帯びていきました。中学3年生になる頃には，いよいよ抑圧していた怒りの感情が表面化しました。学校や先生，ほかのまじめな生徒が嫌がることは何かを真剣に考えました。

　「そうか，受験モードに水を差してしまえばいい。さらに，授業態度最悪な自分が，テストで良い点をとれば，先生の面子をつぶせるのではないか」。そう考えた私は，日中は授業妨害を行なうためだけに学校に通い，夜になればせっせと塾に通う，奇妙な二重生活を送り始めました。

　行動は日々エスカレートしていきました。3度目に呼び出されたときは，自分たちだけでなく，保護者までもが対象でした。夜，会議室で待機させられ，親たちが集まるのを待ちました。最初に入ってきた無骨な風貌の男の人は，会議室に駆け込んでくるなり，いきなり友人に殴りかかりました。彼の父親でした。自分たちもやられるのではないかと怯えましたが，さすがに他人の子を殴るということはありませんでした。

　自分の家からは，母親がやってきました。父親が仕事から帰っていな

い時間だったことが救いでした。これ以前にも，私は父親に殴られたことは一度もありませんでした。あまりにも毅然と立ち塞がった壁であったために，私は父親に真っ向勝負を挑めずにいたのです。

　全員集まると，これまでの学校での行ないについて，親に向けた説明が洗いざらい教務主任の先生からなされました。「親は関係ないだろう！」と叫びたくなるくらい，家庭に対しての侮辱ともとれる話が延々と続きました。母親は泣きながら「すいません。本当にすいません」と何度も頭を下げて謝りました。初めて見る母親が涙を流す姿は，強烈に自分の内側をえぐりました。

　家に帰った後も，母親が私を責めることは一切なく，かえってそれが自分のなかの罪悪感を強めました。そして父親はというと，私と目を合わすこともなく「しばらく家から出ないこと」と，淡々としかし当時の自分にはとてつもなく重く厳しい「自宅謹慎処分」を課しました。「えっと，その，学校には行きたいんだけど……」とつぶやいても黙殺されました。

　この日を境に，私のなかで何かが変わりました。母親にしっかりと受け止めてもらえたという感覚と，父親にとって「殴るにも値しない」ちっぽけな存在であったことへの気づき，そして「大人を本気で怒らせたらヤバい」ということを知らしめた重い罰，それらによって私は嫌でも変わらざるをえなかったのです。それ以降，中学校を卒業するまでの間，まるで嵐の後の静けさのように，それまでの反抗・反発は嘘のようにおさまりました。いつの間にか，常によどんでいた視界も晴れていました。

＊＊＊

　私が義務教育に在籍した1987（昭和62）〜1996（平成8）年という時代は，子どもの反抗期に対して真っ向から受け止める準備が，親にも家庭にも，先生にも学校にもありました。そのことと因果関係がどこまであるか分かりませんが，現代のように平均して1クラスに1人いるとい

われる不登校の生徒は，私の同級生のなかにはほとんどいませんでした。記憶が確かならば，小学生のときは1人もおらず，中学生のときでも学年に1人いるかいないかという状況でした。

　ノスタルジーに浸るつもりはありませんが，反抗期が否定されていなかった時代においては，私のようなケースを内包する受け皿が社会全体に存在していました。逆にいうと，私がもしこの時代に生まれていたとしたら，学校に通えていたかどうかまったく自信がありません。このあたりに，現代日本の不登校を可視化するヒントがありそうです。

第1章 不登校の背景

第1節 日本の不登校の経緯

1 不登校の長期化と低年齢化

　文部科学省の調査によると，不登校の小・中学生の実数は2001年をピークに緩やかな減少トレンドにありましたが，ここ3年はふたたび増加傾向にあります（図1-1）。平成27年度間の長期欠席者（30日以上の欠席者）のうち，「不登校」を理由とする児童生徒数は，小学校は27,581人，中学校は98,428人，義務教育全体で126,009人でした（文部科学省，2016）。とりわけ，90日以上欠席者の増加にともなう「長期化」と，小学生が過去最多であったことから「低年齢化」というのが，キーワードとして各種メディアでも大々的に取り上げられました。

　盲点になっているのは，日本の教育現場においては「出席」の明確な定義が存在しないことです（瀬尾，2013）。一口に「不登校」といっても，まったく家から出られない子から，部分登校までは可能であるという子まで，かなり幅があるわけです。つまり，年間30日以上の欠席者でなくとも，「行ったり行かなかったり」「遅刻・早退を繰り返す」「放課後に先生と個別で会う」「適応指導教室に通っている」という子どもは，実際には大勢いるわけですが，彼らは「長期欠席者」の統計には含まれていません。このような不登校予備軍の子どもも含めた場合，はたしてどれほどの数になるのでしょうか。

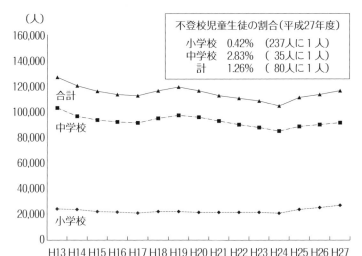

図1-1 不登校児童生徒数の推移〔文部科学省「平成27年度「児童生徒の問題行動等生徒指導上の諸問題に関する調査」(速報値)について」p.65を一部改変〕

■2 国民学校令と学校教育法

では,いつ頃からどのように,日本の子どもたちの不登校という現象が,社会問題として扱われるに至ったのでしょうか。その背景をさぐるべく,不登校の歴史を紐解いていきます。最初に,今日の教育制度の基盤を確立した2つの法令を確認しておきましょう(表1-1)。

まずは,1941年の「国民学校令」です。この勅令によって,義務教育を「学校」に限定し,それまでのように「家庭」で義務教育を受けることができる規定が削除されました(田中・橋本,2013)。1941年以前は,

表1-1 現在の学校制度の基盤となっている法令

国民学校令	1941(昭和16)年	義務教育が「学校教育」に限定される
学校教育法	1947(昭和22)年	就業義務の不履行に対する罰則規定が設けられる

家庭での教育も義務教育として扱われるケースがあったことは，意外に思われるかもしれません。昨今，「学校に代わる私教育の自由」をめぐる議論が盛んですが，それは80年前の日本にすでにあったのです。

　戦後の貧しい家庭環境において，子どもは貴重な労働力であったため，学校に行かせることは，働き手を奪われ学費も負担する二重の負担につながりました（滝川，2012）。それでも，国民学校令では就学免除・猶予の条件から「貧窮」を除外しています。「貧乏だから学校に行かせない」というのは，通用しなくなったのです。「世界と対等に付き合っていくには，国の将来を担う子どもたちに，同じ時期に同じ水準の教育を施す必要がある」「子どもを目の前の労働力として扱っている限りは，いつまでたっても発展途上国から抜け出せない」「幼少期から即戦力として労働者になるより，教育期間を先行投資するかわりに長い目でみて社会で活躍できる大人になってほしい」。まさにこの時代の子どもたちの存在は，日本という国の将来に対する「希望」そのものであったと思います。

　続いて1947年に公布された「学校教育法」のなかでは，就学義務の不履行に対して，10万円以下の罰金という罰則規定が設けられています（学校教育法第144条）。時を経て，2006年に教育基本法および，学校教育法，地方教育行政法，教育職員免許法・教育公務員特例法の関連3法案が改正されました。しかし，そこでも義務教育と罰則規定に関する変更点はありませんでした（石井，2009）。つまり現在もなお，就学義務の不履行に対する罰則規定は存在していますが，実際に罰則が適用されるケースはほとんどないようです（瀬尾，2013）。

　現代社会においては，この罰則規定の存在を知る機会は少なくなっているのではないでしょうか。私がこの法律の存在を知ったのも，臨床の現場に出てかなりの時間がたってからでした。また，不登校の子どもを連れてくる保護者で，この罰則規定について知っている方と出会ったことは一度もありません。教育現場にいる教職員の方々のなかでも，どれほど周知されているのか定かではありません。

■3 概念と要因研究の変遷

　日本において不登校に関する研究が始まったのは1950年代からです（香川，2012）。まだ「不登校」という用語はなく，「長期欠席児童」に関する実態調査が1959年に報告されました。1960年代からは「学校恐怖症」という用語が使われだし，精神医学的な観点からの「本人因」「家族因」の研究が中心でした。

　1970年代からは「登校拒否」という用語が使われるようになります（表1-2）。以降，1980年代半ばまで「学校因」の時代といわれ，学校教育に問題の焦点が当てられた時期でした（中原，2012）。続いて1980年代後半から1990年代にかけて，「不登校」という用語が推奨されるようになります。法務省は「行きたいけど行けない」「状況が安心できないのであって本人が拒否しているのではない」という人権擁護的な立場から，「不登校」という用語をほかの省庁に先行して用いています（藤岡，2005）。同じ文脈で1992年に文部科学省も，不登校について「特定の子どもに特有の問題があることによって起こるもの」から「どの子にも起こりうるもの」という見解の変更を行なっています（中原，2012）。

　2000年代に入ると，いよいよ不登校の定義・要因は混沌としていきます。文部科学省（2010）は，不登校を「何らかの心理的・情緒的・身体的あるいは社会的要因・背景により，登校しないあるいはしたくともできない状況にあるため年間30日以上欠席した者のうち，病気や経済的な理由による者を除いたもの」と定義しました（なお，本書における「不登校」の定義もこれに準じたものとしますが，30日以上の欠席にはとら

表1-2　長期欠席の名称および想定された要因の変遷

1960年代	学校恐怖症	本人因，家族因
1970年代	登校拒否	学校因
1980年代後半〜現在	不登校	複合的な要因

われず,「行ったり行かなかったり」「遅刻・早退を繰り返す」「放課後に先生と個別で会う」「適応指導教室に通っている」という状況にいる子どもも含めて考えていきたいと思います)。

「学校恐怖症」には疾患としての意味,「登校拒否」には行為としての意味があったのに対して,「不登校」は現象・状態・症状と,研究者によって定義も異なり意味合いが錯綜しています。そのことを象徴するように,昨今の不登校研究はテーマが非常に多岐にわたっています。精神医学や心身医学はもちろんのこと,社会政策学・教育学・社会学・臨床心理学など,不登校に関する研究領域は多様な広がりを見せており(表1-3),このことは世界中で日本だけに見受けられる特徴といえます。

表1-3 今世紀の不登校に関する主要な研究

領　域	研究対象
社会政策論	ホームスクール(日野,2001),フリースペース(相馬,2013),フリースクール(田中,2002;工藤ら,2015),適応指導教室(川島・小林,2013),単位制高校(神崎・サトウ,2014)などのオルタナティブ教育(後藤,2014)
教育学	教師による対応(岸田,2012;宮田,2015;中村・重松,2015),スクールカウンセラーによる実践(小野寺・池本,2015),スクールソーシャルワーカーによる訪問型支援(安井,2015),大学生による学習支援サポーターの試み(高野・岩永,2013),保護者支援の会(川原ら,2015),保護者援助ツールの開発(今井,2012;恩庄,2015),不登校未然防止の取組み(小野,2014;中馬・霜川,2015)など,異なる立場からの実践に関する研究
社会学	引きこもりや若年無業者との関連性(井出,2014),権力による弱者の社会的排除の視点(加藤,2012;村山,2014),父親のジェンダー規範についての研究(加藤,2015),経験者の予後調査(松井・笠井,2012;柊澤,2015)など
臨床心理学	SST(尾崎,2013;小野ら,2014),家族療法(坂田・竹田,2007),行動療法(前田ら,2012),精神分析(根本,2014),複合的アプローチ(寺田,2012)による治療,発達障害との関連(市川,2014;高田ら,2015),第二次反抗期との関連(定塚,2012;中西,2014),経験者のレジリエンス(大橋・金子,2015;内田・永尾,2015),不登校を肯定的に解釈する立場(竹中,2014)など

■4 日本の不登校の転換期

　先に述べたように，日本は義務教育の社会であり，「保護者には子どもを学校に行かせる義務」が存在します。同じく就学義務の不履行に対する「罰則規定」は現在も存在しています。今日まで，徐々に罰則規定の存在は忘れ去られてきましたが，まさに有名無実化する旗印となったのが1989年の教育白書です。白書のなかでは「児童生徒をありのままに受入れ，共感的な理解を持って，児童生徒自身が自主性，主体性を持って生きていくことができるよう，きめ細かな指導・援助を行っていくことが求められる」との見解が公のものとされました。いかようにも解釈できる文言ではありますが，とらえ方次第では「登校するかどうかも含め，本人の自由意思を尊重しますよ」という理解も可能です。その点で，この教育白書は，日本の不登校の歴史におけるひとつの転換期を画したといえます。

■5 公教育における代替手段の未整備

　法的に義務教育が生きている一方で，「登校への自由意思の尊重」という含みをもたせる文言が，1989年の教育白書で謳（うた）われました。公教育に対しての多様性・許容性の示唆，すなわち学校に行かない生き方を「許容しなくもない」というメッセージを国が発信したことは，当初の予定では学校に行きづらい子どもへの助け船になるはずでした。ところが公教育に対する代替教育が未整備な状況では，学校に行けない子どもは社会のなかに居場所のないまま浮遊し，結果として不登校の子どもの数だけが増加の一途をたどることになります。

　教育の多様性に関していうならば，日本はアメリカに比べてかなり遅れています。佐々木（2003）によると，アメリカでは州によって許容範囲は異なるものの，学校以外に，家庭で行なうホームスクーリングや民間のスクールにも「学校に代わる私教育の自由」が認められています。

アメリカの場合，親が子どもを学校に行かせる義務に関しては共通していますが，「子ども自身にも就学する義務がある」という点は，日本とは根本的に異なっています。自由の許容範囲が広い分，その違反に対しては厳罰で臨むという考え方に貫かれているのも，アメリカの特徴です（矢野，2000）。すべての子ども自身に就学の義務があるがゆえに，そこからこぼれ落ちる子どもに対して早急に対策を講じなければならなかったことで，アメリカでは受け皿としての代替的な教育手段が早くから充実してきたといえます。

また，アメリカと同様に，隣国の韓国においても，高校をドロップ・アウトした学生に対する「代替教育」（オルタナティブ教育）の実践が90年代後半から進められています（金，2014）。もっとも，韓国の場合，不登校の生徒の多くが高校生である点で日本と大きく異なります。韓国の子どもの不登校は，厳しい受験競争と勉強に対する挫折の意味合いを強く含んでおり，それゆえ，韓国の不登校対策は高校生を中心にしたものになっています。

一方日本においては，長い審議を経て2016年12月にようやく「教育機会確保法」が成立しました（これについては，次節で詳細を述べています）。この法案からは，少なからずアメリカをモデルにしようという意図が垣間見えますが，はたして日本という土壌にも適したものといえるでしょうか。

6 教育の画一性にともなう社会的利得

「親は子どもを学校にやらなければなりませんよ」という前提に対して，後から「いろいろな生き方があることは認めますよ」という矛盾した意見が加わったことは，社会に混乱を招きました。しかし，それ以降の対策が遅々として進まなかった背景には，日本の社会における同質性の強さと，そのことによる利得の大きさが関係しているようです。

再びアメリカとの対比になりますが，異なる民族が入り混じった社会では，言語を中心とした文化に関する共通理解というものは，互いにほ

とんどないのが前提となります。ひるがえって日本では，島国という特性上，言葉はもちろんのこと，自分たちが育った環境に対する常識というものが，日本国内のどこに行っても通用して当然という前提があります。

「大体みんな同じ教育を受けてきたであろう」という漠然とした安心感に，私たちはかなりの割合で依存し，精神的な負担を免れています。それは，表面的な言語レベルだけではありません。例えば日本の歴史，縄文時代に始まり，戦国時代から江戸時代，明治から昭和，平成へとつながってきた歴史のなかで，大体いつ頃に何が起きたかという事実はもちろんのこと，どの出来事が成功した経験ととらえられ，何が負の歴史ととらえられてきたかについても，かなりの部分で共通認識が存在します。個人差はあれ，どのような認識が多数派であるか，どのような認識が異端扱いされるかは，互いに理解しているのです。

また，「同じ教育を受けてきた」という先入観は，初対面の人に対する想像力をかなりの部分で補ってくれます。例えば，相手の人生観や歴史観などに対して，差別的なニュアンスを発してしまう可能性を考慮することなく会話を始められるということは，日本のように同質性の強い社会においてのみ得られる利得です。

欧米諸国で生活する場合と比べて，日本で生まれ，日本で暮らすということは，人と出会う，会話する，一緒に行動することに関して，実はものすごく楽な状態，つまり「仲良くなるために乗り越えるべき段階を，いくつも飛び越えた状態から開始できる」という特異性があるのです。

以上のような社会における同質性にともなう利得は，日本の公教育の「画一性」によるところが非常に大きいと思われます。この利得を手放すリスクと，義務教育を「学校」という場に限定することでそこからこぼれ落ちる子どもが現れるリスクを天秤にかけたとき，どちらが良いのかというのは非常に難しい問題だと思います。さしあたりは前者のリスクを冒さない選択こそ，日本の社会が出してきた答えであり，それが現在の日本の教育の現状そのものなのです。

【コラム 1】 臨床家に求められる立ち位置

ここまで第1節では，今日までの日本の不登校の経緯についてみるための，ひとつの切り口を提示してきました。私はそこに対して，善し悪しの価値判断をすることを好みません。立ち位置の違いは，常に相対的なものであり，ひとつの立場に対して擁護的であることは，また別の立場に対して侵襲的である可能性があります。

心理療法のなかで，治療者が個人的な思想信条に基づいて，クライアントを特定の方向に導いていくことは，禁忌とされています。それでも，治療と洗脳をはっきりと分断することは難しく，どこかで地続きになっているはずです。それゆえに，治療者自身のモラルが厳しく問われてきます。

一方で，クライアントが困っている主題に対しては，それが社会的な文脈のなかでどのような経緯をたどってきたかという歴史，つまり先行研究と言い換えることもできますが，これを一通り眺めておくこと，これは必要だと思っています。

本書では不登校をメインテーマに取り扱っていますが，私とて一度臨床の現場に出れば，年齢・性別・職業などにおいて多種多様な人と向き合うことになります。もちろん，政治家の方のケースを担当する可能性もあります。不登校の問題に対してのみ，擁護的あるいは政策批判的立場を強くもっているとしたら，それと相反する立場にいる人の相談を受けることは困難になります。

若干無責任に聞こえるかもしれませんが，次節以降も私はさまざまな先行研究と自身の臨床経験のなかから，不登校という事象に対して，ひとつのストーリーを構成しているだけです。そのストーリーが不登校理解の「正しい」結論になってしまうことは，危険なことであり，端からそのようなことは望んでいません。

私が構成したストーリーから，別のストーリーを想起するのもいいし，正反対のストーリーを想起するのもいい。もちろん共感していただけるなら，それはそれでいい。しかし，私の想起したストーリーは私固有の生活史が背景にあってのものですから，異なる生活史に重ねた場合，同じストーリーは描き切れないはずです。その場合には，あなた自身の言葉で語れる，日本の子どもたちの不登校のストーリーを描いてもらいたいのです。

第2節　日本における不登校への対応の現状

1　不利益を被らない環境整備への転換

不登校の増加のなかにある「長期化」「低年齢化」という状況に対して，ここにきて政府の対応にも若干の変化が起こり始めています（表1-4）。従来型の「啓発予防」→「早期対応」→「復帰援助」というモデルに加え，「啓発予防」→「早期対応」→「復帰援助＋外部連携」というモデルが，不登校臨床の現場で少しずつ求められるようになってきました。

従来型のモデルは，教育現場すなわち文部科学省の管轄であるスクールカウンセラー（SC）に委ねられてきた領域でした。一方で「不登校であっても不利益を被らない環境整備」ないし，そういった社会資源と連携していく職務は，従来であれば医療福祉現場すなわち厚生労働省の管轄であるソーシャルワーカー（SW）に委ねられてきた領域です。

実際，学校のなかにもスクールソーシャルワーカー（SSW）が配置されるようになり，各機関と連携した対応のできる専門的資質から，学校現場ではSCと併せてSSWも重宝されるようになっています（政府は2019年度までに全国の全中学校区に各1人のSSW配置を目指しています）。

縦割り行政が中心の日本において，省庁横断でひとつの問題に取り組む動きは，ある意味では画期的といえると同時に，それだけ不登校の問題が予断を許さぬ状態に来ていることを示唆しています。「不登校の問

表1-4　不登校の増加にともなう，援助者に求められる役割の変化

SCモデル	啓発予防 → 早期対応 → 復帰援助
SSWモデル	啓発予防 → 早期対応 → 復帰援助＋外部連携

題に対しては，なりふり構わず対処しなければならない。結果を出せる人材がいれば，文部科学省の管轄外の人間でも積極的に登用しなければならない」とでもいうような，従来とは異なる焦りともとれる変化が，ここにきて目立つようになってきました。

もちろんこうした変化は，現場にいる専門職者にとっても無関係ではありません。臨床心理士資格をもったSCによる業務独占に近かった状態から，学校現場の混乱に対応できる人材を積極的に登用する方向へ，肩書きよりも実をとる方向へと向かっています。

2　フリースクール認可検討の動き

前節でわずかに触れましたが，2016年12月「教育機会確保法案」が国会で可決，成立しました。本書の原稿初出の段階では，まだ国会審議中でずいぶん難航していましたが（毎日新聞，2016），法案の中身を大幅に変更したことで，ようやく成立までたどり着いたようです。

当初の法案はフリースクールを義務教育として認可していくことを求める内容でしたが，「学校に行かないことを助長する」という反対意見もあり，義務教育の拡充に該当する部分は削除されました。それでも，不登校の子どもが学校以外の場で行なう「多様で適切な学習活動」や，個々の子どもの「休養の必要性」，また義務教育を受けられなかった人向けの「夜間中学などで就学できるような措置」などが新たに加わり，代替教育の整備に向けての大きな一歩として，推進者からは評価されています（朝日新聞，2016）。

3　「勝ち組不登校」と「負け組不登校」

これから先の未来から，過去の歴史として振り返ったとすると，この法案の成立により現在はおそらく「不登校であっても不利益を被らない方向への転換期」として位置づけられるのではないかと思います。

ところが，こうした流れに逆らう意見が，意外にも不登校当事者の親

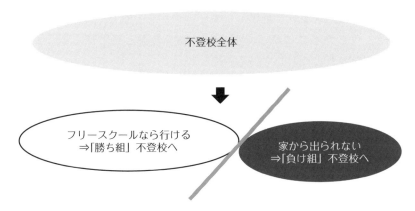

図1-2 不登校の中に階層をつくるマイノリティの分断

から出されています。フリースクールを中心とした代替教育の公的認可に対して,「不登校・ひきこもりを考える当事者の親の会ネットワーク」は,「今まで以上に親も子も管理される」「学校に行けない子どもとその家族を今以上に追い込むことになる」として反対を表明しています。つまり,現在の方向転換は,あくまで学校以外の場所にならば参加できる子どもを想定した対策であり,それが叶わない不登校の子どもの立場が考慮されていないのではないかという主張です。

このような立場からみると,現在の環境的アプローチは「マイノリティの分断」としてとらえることが可能です。すなわち,不登校というマイノリティのなかに線を引くことで,いわば「勝ち組不登校」と「負け組不登校」(勝ち負けという概念を持ち出すこと自体がそもそも不遜ではありますが)という新たな階層が構築されてしまうということです(図1-2)。

■4 当事者とその家族の本音

少数派であるがゆえに,社会問題でありながらも放置されてきた不登校の子どもたちが,いよいよ少数派では片づけられないほどの人数と,それにともなう発言力をもつようになってきた。そこで,不登校という

集団のなかにメスを入れ凝集したオピニオンを分断し，ある層だけを満足させ，そこからこぼれる一群を今一度少数派としてほふる「解体作業」が行なわれようとしている。

　このような分断が進むことは，社会との接点をもてない不登校の子どもが，さらに置き去りにされていく可能性を孕んでいるといえます。もちろんこれは，私の個人的な見解だけではありません。臨床の現場で出会う不登校の子ども，およびその家族の主張を汲み取るならば，今現在社会が向かっている方向はまやかしだとすぐに分かります。

　すなわち，不登校と一口にいってもその幅はかなり広いということを述べましたが，私が出会った当事者および家族の根本的に共通する願いは，どこまで行っても行き着くところはやはり「ふつうに学校に行けること」なのです。確かにある段階を超えると「この子にはこの子の生き方がある」と割り切る保護者の方も見えます。しかしその後に続く言葉は「……でもやっぱりふつうに学校に行けていたら，それに越したことはなかった」なのです。

　1週間のうちの半分以上は登校できる子どもの保護者でさえ，「不登校のなかでもうちはマシなほう」という比較をして，満足している人は誰もいません。つまり，「勝ち組不登校」であることに優越感を抱き，そこに安堵している人など存在せず，「何組だろうが，不登校は不登校。とりあえず学校に行ってほしい」というのが保護者の語る本音なのです。

　当事者である子どもも「あの子のほうがもっと休んでいる日数が多い」「自分は放課後に登校できているからまだマシ」という発想はもたないようです。彼らもまた，相対的な観点で不登校という状況を理解しているわけではないようです。「不登校か，そうでないか」以外の尺度は，彼らにとっての関心事ではありません。それゆえ私は，不登校の子どもがどれだけ細分化され，どれだけ新しいモノサシが導入されようと，当事者とその家族が本音のところで望んでいる「登校復帰」への介入を辛抱強く続けてきましたし，これからもそれを続けていくつもりでいます。

第3節 現代の不登校の要因

1 第二次反抗期の存在を否定する社会

　先に，不登校を許容する1989年の教育白書を取り上げました。まさに，不登校増加の象徴ともいうべき発想の転換です。しかし，どちらかというと教育白書の位置づけは，「増えてきた不登校」に対して「建前」を付与しただけであり，真にエポック・メイキング（新たに一つの時代を開くような画期的なさま）な事態は，これとは別の流れのなかにあると考えています。

　それが「第二次反抗期への誤解」，ないし「第二次反抗期の存在否定」です。以下に，反抗期という概念の定義とその理論的メカニズム，そしてそれがなぜ否定され，どのように不登校と絡み合っているのかについて述べていきます。

2 反抗期とは何か

　発達上，反抗期は2度訪れます。「第一次反抗期」は，2～3歳頃に現れる変化で，それまでの母親と二人だけの世界から，外の世界へと子どもの好奇心が向けられます。一方母親は危険な行動に対して禁止を示します。そのやりとりのなかで，母子分離が行なわれていく過程が第一次反抗期です（定塚，2004）。

　一方，「第二次反抗期」とは，思春期に起こる心の変化です。思春期とは狭義には12～14歳，広義には12～17歳ほどをさし，第二次性徴の出現を中心とする生物学的・生得的な区分であるとされています。

　『心理学辞典』（中島ら，1999）では，

　　思春期は，性的・身体的に成熟に向けて大きな変化を迎える時期

であり，ホルモンをはじめとして身体のさまざまな部分で，これまでのバランスが崩れ新しい均衡へと向かう。この過程は精神面にも大きな影響を与え，内的な緊張や，やり場のない衝動がうっ積したりする。また精神的には自我の独立に目覚めることにより第二次反抗期を迎え，既成の権威に反発することで自らの個別性を主張し，独立を確認しようとする。この時期が疾風怒濤(しっぷうどとう)の時代とよばれるゆえんである。こうした激しい変化を伴う思春期は，神経症，破瓜型(はか)分裂病など多くの適応障害が現れやすく，その意味で危機的時期でもある。

(越川，1999，p.338)

という説明がなされています。

　第一次反抗期が男女ともに母親に対して起きるのに対して，第二次反抗期の場合，男の子は父親に，女の子は母親にと，表面的にはどうであれ，根本の部分では同性の親に対する反抗であることが特徴です（定塚，2012）。個人的な印象ですが，第二次反抗期の「『同性』の親に対する反抗」という点に関しては，あまり広く認知されておらず，誤った理解をされていることのほうが多いように感じます。

【コラム 2】 思春期と青年期，言葉の意味の違い

　思春期については「第二次性徴（身体の変化）」＋「第二次反抗期（心の変化）」＝「思春期」という理解の仕方が分かりやすいと思われます。
　一方，思春期と近い概念で青年期という用語があります。青年期は，児童期と成人期の間に位置するとされ，社会文脈的な用語で，最近では思春期よりも幅広く用いられているようです。本書では，生得的な人間の自然な「心」と「身体」の変化という意味合いを含む思春期という言葉のほうが心身医学的に有用であるため，こちらを意図的に用いることにしています。

3 思春期に典型的な精神病理

　本書の「はじめに」で,「思春期はすべての精神病理を一過性に経験する」と述べました。器質的に異常の認められない一過性の頭痛・腹痛・便秘・下痢・嘔吐・喘息・夜尿・チック・吃音・場面緘黙,これらはすべて思春期に起きやすい心身症です。強迫症,恐怖症,ヒステリーなどの神経症や,妄想・幻聴・離人感など統合失調症様症状もまた思春期に発症しやすい疾患です。とくに「自らの個別性を主張し,独立を確認しようとする」過程は「個別化の過程」ともいわれています。この個別化の失敗と精神分裂病の関連性は,リッツら（Lidz et al., 1965）や木村敏（1974）をはじめ,多くの研究者によって明らかにされてきました。

　さらに,自傷行為・盗癖・性的逸脱・拒食などは思春期に特徴的な行

【コラム 3】　終わらない思春期

　近年は「青年期の延長」「遅れてきた思春期」ということがいわれています（岩宮,2009）。大学進学率の増加・晩婚化・平均寿命の伸びなど,さまざまな要因から心理的・社会的成熟が遷延化・長期化しているという仮説です。モラトリアムの期間の延長というのも,以前からいわれていることです。

　心身医学的な側面からも,第二次性徴の発現は低年齢化する一方で,第二次反抗期の終結が先送りされているという見方は一般的です。就職した後に,職場の上司に言われた言葉に不満を覚え,短期間のうちに転職・退職を繰り返す「適応障害」とよばれる若者の臨床像は,第二次反抗期の子どもが年齢だけを重ねたような姿そのものです。

　また斎藤（2015）のように,近年になって思春期が延長したわけではなく,「そもそも人間は本来,思春期・青年期が15年近く続くものである」という指摘もあります。どちらにせよ,第二次反抗期の形骸化が社会全体で進行する今日においては,健康な人でも20〜25歳くらい,遅い人で30歳頃に思春期を終えるというモデルは,現代日本社会における人間理解を根本から問い直す発想です。

動異常です。ほかにも挙げればきりがないくらいです。健康な人であっても，思い返せば上記の病理体験のうちひとつやふたつ，思春期を終えるまでの間に経験した記憶があるのではないでしょうか。

4　男児にとっての父母の存在

　精神分析のとらえ方では，少年は母親と一緒になりたいと思うが，そこには父親というライバルがいる。父親という大きな障害を前にして去勢される不安を抱き，母親を自分のものにすることを放棄する（フロイト，2011）。ここまでが，フロイトの精神分析的発達理論における「エディプス期」（4～6歳）の正常なプロセスです。

　さらに，フロイトの発達理論における「性器期」（12歳以降）は，ちょうど「思春期」と重なる時期です。この時期は「第二エディプス期」ともいわれ，エディプス期の願望が復活してきます。つまりこの時期は，男児にとって父親は男性の代表として，ライバル視する（したい）対象となります。

　この時期に重要なのは，母親という女性の象徴的存在ともいえる対象を獲得するためには，男児にとって父親という同性のライバルが「邪魔」だと思えることです。それには，両親の間に愛情関係があり，自分を心底大事にしてくれる理想の女性である母親は，父親がいる限り絶対に手に入らない存在であると思えなくてはなりません。そのためには，母親にとってパートナーである夫に愛と尊敬がなければ，男の子にとって父親はライバルではなく，自分より低い立場にいる存在となります。すると子どもは「立場の低いお父さんより僕のほうが，お母さんの愛情を独占できるかもしれない」という無意識的な錯覚に陥ります。

　また，乳幼児期に深い母性愛のなかで育てられたという実感があってこそ，母親を自分のものにしたいという感情が芽生えてきます。その感覚が欠落している場合も，やはり父親への対抗意識は芽生えません。理想の女性像自体がそもそも描けないとしたら，母子分離は困難なものとなります。母親という理想の女性像が描け，それを邪魔する大いなる父

親の存在がいて初めて，母親を我がものにすることを諦め，代償として同年代の異性を求める衝動が発動するのです。

■5 女児にとっての父母の存在

フロイトの場合，女児に対しての言及は多くありません。少女も父親と一緒になりたいと思うが，そこには母親というライバルがいる。よって父親を自分のものにすることを放棄するという心的プロセスを経て，やがて同年代の異性に愛情を希求するようになるという考え方は男児のそれと同じです。

「思春期の女児は『パパ不潔』といって，父親から離れいくのがふつうで，父親と一緒になりたいだなんてとんでもない」と一般的には考えられているかもしれません。しかし，この「パパ不潔」というのは，「大好きだから今は離れていてね」「私の気持ちがざわざわするほど近寄らないで」という思春期の女児の本能的な父親への姿勢なのです（斎藤，2015）。性科学的な観点からいえば，「パパ不潔」という現象は，近

【コラム 4】「将来お母さん（お父さん）みたいな人と結婚したい？」

臨床の現場では，思春期以前の子どもに「将来はお母さん（お父さん）みたいな人と結婚したいと思えるかな？」と尋ねることがありますが，これは正常な第二次反抗期が起きる素地があるかどうかを確かめるための，精神病理学的観点における大事な質問です。この質問に対して「はい」と答えられる子どもであれば，概して予後は良好であるといえます。

昨今では，とうに思春期を終えている年齢であるはずの成人男性において，同年代の異性と同居・結婚するよりも，「家にいるほうが気楽」と言って，独身・実家暮らしを選ぶ人が増えています。経済的な要因も関係しているとは思いますが，はたしてそれだけが理由であるといえるでしょうか。むしろ，母親という理想を求めることを諦めきれず，代償として同年代の異性を求める衝動が発動しきれていないケースが増えている可能性も考えられます。

親相姦を避けるための生理的な拒絶反応と理解されています（定塚，2005）。

6 第二次反抗期の存在否定による弊害

第二次反抗期に関して，それがいつ頃からどのように変化していったのでしょうか。またそれによって，どのような弊害が起きたのでしょうか。

鍋田（2015）は，教育者や臨床家の目からも，思春期の少年・少女から第二次反抗期がみられなくなっているという認識で一致していると述べています。心理臨床の世界で最も権威ある『心理臨床大辞典』（氏原ら，1992）にも，「反抗期」という言葉は，一切扱われておりません。さらにさかのぼると，1970年代以降に，国の定める教科書からもこの言葉が少しずつ消えていきました。これには，「反抗期」という言葉の響きが，学生運動や非行などの温床になるという理由があったといわれています（定塚，2012）。

そして第二次反抗期の子どもに，親が「毅然と立ち向かう」ことに対して，これにとって変わったのは「子どもは褒めて育てよう」という行政による施策です。1980年代以降，この変化は家庭・学校・マスコミに広く浸透しています。歴史的な流れをみると，過去40年間で表1-5のような社会的インパクトのある出来事が起きています。

2500年以上も前に，かのソクラテスも「青少年の逸脱行為」について

表1-5 反抗期の否定と子褒めの奨励

1975（昭和50）年	文部省が公に「反抗期」という概念を否定し，以後教科書からも削除される
1985（昭和60）年	栃木県にて全国で初の「子ほめ条例」制定
2003（平成15）年	大分県にて「第1回子どもをほめよう研究大会」開催
2006（平成18）年	「教育基本法」の全面改訂により「反抗期」という概念が公的に姿を消す

触れていますが（国松，2012），それだけ長きにわたる人間の根本的な習性を，日本の社会は否定する道を選んだのです。しかし，生得的に一定の年齢になったら必ず起こりうる現象を無理やりなくしてしまったら，その弊害はやはり小さくないと思われます。実際，精神科医療の現場においても，第二次反抗期の存在とその時期に起きる病理への対応策を知らない専門医が激増したといわれています（定塚，2012）。

その結果「思春期危機」という診断で済むはずのところに，「統合失調症」「人格障害」といった診断が次々と下されるようになりました。先述のとおり，思春期は，妄想・幻聴・離人感など統合失調症様症状を一過性に体験しやすい時期です。また人格もいまだ形成の途上にあり，もとより出来上がっていないものに対して，障害を見出すことは不可能なはずです。

7 不登校の増加と第二次反抗期との関連

そして，第二次反抗期の否定により起きた，最も大きな弊害は何であったのか。それこそが，不登校の増加であったと考えてよいのではないでしょうか。第二次反抗期の子どもにとって，親は権威そのものであり，子ども前に立ち塞がるのは，まずは親でした。そして，親というバリケードのさらに外側にも，同じく権威の象徴として，学校の先生が存在していました。

「プロローグ」で述べたように，私にはまず父親という難攻不落の壁が存在しました。私以外にも，父親とやり合っても分が悪いと直感した同級生は，学校に対して反抗のやり場を向けました。しかし学校には先生という審判者がいて，許されない行為には厳格に罰を与えました。同時に先生の存在は，物事の分別のつかない私たちが，秩序から逸脱しないように「守ってくれる」要塞でもありました。現代であれば，おそらく不登校になっていただろう私のようなケースでも，学校を休むという選択肢すら思いつかなかったのは，このようなシステムが社会のなかに備わっていたからではないでしょうか。

ひるがえって，現代の不登校の場合はどうでしょうか。「先生や同級生とも問題なく付き合うことができ，勉強も特別苦手なわけでもない。部活も好きでやっている。それにもかかわらず学校に行けない，行きたくない」。そう語る不登校のケースが非常に多くなっていることは臨床の現場における実感ですが，そこにはもはや理由らしい理由を見出すことはできません。

　「褒めて育てる」ことにのみ秀でた大人は，残念ながら思春期の子どもにとっての壁にはなりえないのです（「第2章　第2節　2」で，褒められ体験と叱られ体験とが自尊心に与える影響を比較した研究を紹介しています）。そうなると，行き場を失った反抗の矛先は反転し，自己に対して自虐的に向けられるようになります。ちょうど中学生当時の私にとって最も重く厳しく感じられた「自宅謹慎処分」という罰を，自分で自分に課してしまう。そのような病的な自己表現でしか反抗期を表現できない心性，これこそが私の考える現代的な不登校の本質です。

第2章 不登校の予後

第1節 健康に関する国際基準

　援助者の拠り所となる理論あるいは哲学によって，目の前にいる子どもは，学校に行く方向と行かない方向，どちらにも転がる可能性があります。もちろん学校に行くことはゴールではありません。ゴールではなくとも，そこを通過するかしないかで悩んでいる子どもと接することは，ひとりの人間の人生を左右する重要な局面に向き合うことでもあります。

　治療関係が終結しても，クライアントの人生は私たちの知らないどこかで続いています。「今，ここ」は大事ですが，「今も，これからも」を考えて臨むとしたら，これまでと同じ接し方を続けても大丈夫だといえるでしょうか。子どもたちの将来に対して，責任を負う覚悟がもてるでしょうか。

　本章では，不登校の予後と健康との関連について，当事者はもちろんのこと周囲にいる家族にとっても非常に関心が高いと思われる，心理・

【コラム 5】 国際心身医学会における健康の基本理念

　英国が提唱して立ち上げられた国際心身医学会（ICPM）（筆者らはこの学会の2007年のケベック大会と，2009年のトリノ大会にて臨床研究を発表）の健康に対する基本理念は「精神的―身体的―社会的―経済的―倫理的」のすべてを満たすこととされています。本章でもこれに準拠した形で，不登校の予後に関する健康について考えていきたいと思います。

身体・社会・経済・倫理という5つの側面から考えてみます。なぜこの5つが必要かというと，WHO（世界保健機構）の掲げる健康の定義は「健康とは病気ではないとか，弱っていないということではなく，肉体的にも，精神的にも，社会的にも，すべてが満たされた状態であることをいう（well-being）」とされているからです。

またWHOは健康を害する最大の要因を「財布のガン」と評し，「どのような社会においても，社会的地位が低いほど，疾病率は高く，平均寿命は短い」と述べています。その意味で，広義には「社会的健康」に含まれる経済的指標を独立させ，「経済的健康」として扱っていきたいと思います。

さらに1999年からは，WHOの健康の定義に「霊的」（スピリチュアル）という概念が加わりました。これは個人の尊厳・生き甲斐のような意味で，宗教的なニュアンスはないようですが，日本人の価値観からは想像しにくいように思われます。木村（1972）が指摘するように，欧米人における神との「縦のつながり」は，日本人の感覚では理解しづらく，むしろ人と人との間に存在する善悪判断の根拠，すなわち「倫理的」としたほうが個人の尊厳や生き甲斐を表現するうえでふさわしいかと思います。

第2節　心理的健康と自尊感情

1　「不登校であった自分」への劣等感

福岡ら（2014）は「不登校を経験した子どもたちは，義務教育終了後は不登校経験の有無に関わらない社会に身を置くことになる。しかし，彼らはそうした社会の中で過ごしていくことに対して不安を抱えていたり，経験の不十分さから自信のなさを感じたり，『不登校であった自分』に劣等感を感じていたりしていた」という調査結果を報告しています。

また伊藤ら（2013）は実践研究のなかで，不登校と自尊感情の関係について「その後の経過によって回復する見込みが示唆される」とはしながらも，「不登校経験過程と自尊感情の低下との間に大きな関連性がある」としています。

　別のインタビュー調査においては，「不登校経験について『ツケ』『劣等感』，あるいは『糧にして』という言葉があったが，『ツケ』だとすればそれを挽回しようという発想があってもよいし，挽回できると考える選択肢もあるはずである。しかし，彼らの言う『ツケ』『劣等感』という言葉からは，不登校経験を挽回できないもの，行くべき学校へ行かなかったことの『罰』のようなものとしてとらえているような印象を受ける」（松井・笠井，2012），さらには「不登校経験がもつ"弊害"は，不登校経験者が自身の人生を肯定する過程を歩んでいく上で，付き合っていかなければならない壁であることが考えられる」（松坂，2010）という報告がなされています。

　以上のように，学童期を終えた後も，不登校であった経験が自尊感情を低下させる可能性は，数多くの研究で実証されています。

　もちろん自尊感情の低下は，生涯にわたって固定的なものではなく，教育実践・特別支援プログラム・カウンセリングなどを通じて，過去を肯定的にとらえなおす試みが効果を上げている例も多数あります（例えば，福岡ら，2014）。斎藤（2000）が行なった医療現場における不登校の予後に関する追跡研究では「数年以上の長い経過で見ると不登校の子どもの70～80％は社会的に良好な適応を示すようになるが，20～30％ほどは社会適応の難しい不安定な状態にとどまるものがある」と報告されています。

　この数字が高いか低いか，良いか悪いかの価値判断は非常に難しいところです。あるいはそのような判断をすること自体に，どれだけの意味があるのかさえ分かりません。村田・金子（2008）も，「不登校という現象の社会的背景や時代変遷を考えたとき，その社会的適応状況を単純な尺度で評価を下すわけにはいかないであろう」として，むしろ数値の意味について考える必要性を指摘しています。

■2 「自分のために叱ってもらった体験」と自尊感情の関連

　心理的健康度を考えるもうひとつの視点として，親の養育態度と自尊感情との関連性について触れておきたいと思います。2011年に私たちの研究グループは，子どもの頃に親から「褒められた体験」と「叱られた体験」が大人になってからの自己効力感に与える影響について，調査研究を行ないました（中西ら，2011）。この研究に着手したのは，青木（2005）が述べているのと同様に，不登校の子どもや保護者の方々と日々接するなかで，「褒めること」に偏重した子育てや教育について疑問を抱き，これを検証する必要性を感じたのがきっかけです。調査の結果得られた結論は，自己効力感に関しては，褒められた体験よりも叱られた体験，とりわけ「叱られた時期」および「叱られ方」の影響が大きいことでした（中西ら，2012）。

　これに対して，高垣（2006）は「臨床の現場では家庭や学校で『十分に褒められてきた』にも関わらず『自分に自信が持てない』という例は珍しくない」と述べています。前述した私たちの行なった調査ではまさに，褒められた体験それ自体では，自己効力感は必ずしも高くならないという結果が示されました。これは高垣の臨床現場での実感と合致するものでした。

　また叱られた体験に関しては，松田・林（2005）らが「叱られるという事態に対して，子どもは親が自分のために叱ってくれていると感じることができれば，親の叱りに肯定的信念を感じる」と述べています。先の調査でもやはり，叱られた体験それ自体では自己効力感を低下させる要因にはならないという結果が示されており，松田・林（2005）の見解と合致していました。

　不登校経験とその後の人生の関連においては，不登校であった経験そのものに付随する「劣等感」もひとつの問題となっているようでした。しかし，さらに踏み込んで自尊感情についていうならば，不登校という経験それ自体よりも，第二次反抗期という一過程において「親が自分の

ために叱ってくれた」という実感をもてたかどうかのほうが，より重要であると推測されました。

　そのように考えると，不登校経験者のなかでそれを糧に次のステップへ前向きに進める人とそうでない人の違いは，経験の過程によって変わってくると考えられます。端的にいえば，不登校であることを許容され，大事に見守られること一辺倒で来てしまった場合は，予後における心理的健康は低い水準に落ち着く可能性が高いということです。

第3節　身体的健康と生活リズム

1　高齢者用栄養剤が処方される若者

　不登校経験者の予後に関して，身体健康レベルでの追跡研究はあまり行なわれてはいないと思われます。私の勤務する心療内科では，不登校の子どもに関して，心だけでなく身体の健康状態も，かならずチェックしています。とくに血液検査から得られる結果は，多くのことを教えてくれます。不登校だった子どもがその後も成人になっていく過程で，継続してカウンセリングを受けに来る例も珍しくありません。その場合，時系列での身体的変化を追うことが可能となります。

　第二次性徴期の子どもの身体は，まだ各臓器が十分な大きさには至っておらず，それは消化器官である肝臓でとくに顕著です。この時期に年齢相応の栄養がとれていない場合，肝臓をはじめ各臓器の成長は止まります。この場合，成人になってからどれだけ健康的な食生活をしても，生涯にわたって臓器は未成熟のままとなります。

　臓器が未成熟のままということは，車でいえば排気量が非常に小さい車に一生乗り続けるということです。その状態で，身体にとってガソリンになる栄養をいくら摂取しても，ストックできる容量そのものが小さいままなのです。つまり，第二次性徴期における栄養不足は，生涯にわたる慢性的栄養不足を意味し，後でいくら改善しようとしても取り返し

がつかないものとなります。

　栄養のストックができない身体では，老化しやすい，疲れやすい，脳が働かないなどの問題はもちろんのこと，生きていくうえで必要となるさまざまなホルモンがつくられにくくなりますから，免疫・抵抗力の低下，ケガや病気からの修復力の低下，思考力の低下，男性・女性としての性的発育不全，次項で詳しく述べますが睡眠リズムにも大きな影響があります。その結果，食事が十分にとれない高齢者用につくられた栄養剤を，毎日飲まなければならない20～30代の若者の存在は，今日の心療内科では取り立てて珍しいものではなくなりました。

　これに関して付け加えると，体重という指標は確かに参考にはなります。しかしながら，第二次性徴期に十分な栄養をとれていなかった場合の成人では，平均体重を大きく上回っている場合でも，身体の中身はやはり栄養失調のままです。逆に，見るからに華奢（きゃしゃ）な体型で平均体重を下回っている成人の方でも，10代のうちに栄養が充足していた場合は，血液検査上では栄養状態にまったく問題がみられません。

　学童期に家にこもっている時間が長い場合，基本的には活動量が減るためお腹があまり空きません。まれに肥満を心配しなければならないケースもありますが，そのような場合でも過食・拒食を繰り返す摂食障

【コラム 6】 個食は「食事」ではなく……

　不登校や引きこもりの子どもに多くみられる傾向として，家族と一緒に食事をとらない「個食」があります。「個食」の何が問題かというと，自分の好きな時間に，好きなものだけを，好きな量しか食べないということが可能になってしまうことです。当然そこには，家族とのコミュニケーションは存在しません。食事の時間・質・量が，自分の気分によって偏っていくことは，栄養状態の偏りにとどまらず，生活の基本的なリズムまでが偏っていくことにつながります。ひとりで気まぐれに行なわれる食行動は，もはや人間らしい「食事」の定義から外れており，語弊のある言い方になりますが，動物の食行動における「餌」という言葉の定義に限りなく近いものがあります。

害が併存していることが多く，それゆえまずは栄養不足のほうを疑ってかかる必要があります．

■2 栄養障害と睡眠リズム障害の悪循環

　睡眠リズム障害も深刻です．学生時代からの睡眠リズムの乱れを，成人した以降もずっと継続しているケースは非常に多く認められます．では，ここでいう睡眠リズムの障害とはどのような状態をさすのでしょうか．

　数年前から，TVなどで「睡眠のゴールデンタイム」という言葉を耳にすることが増えました．これは一般に，22～26時の間の睡眠が人間の生活リズムにとって非常に大事ですよという話です．では22～26時の間に熟睡している状態をつくると具体的にどのような良いことがあるのでしょうか．

　生活リズムに大きく関係するホルモンには，覚醒ホルモンと睡眠ホルモンがあります．先ほどの睡眠のゴールデンタイム，すなわち22～26時の間に熟睡した状態をつくると，覚醒ホルモン（朝スッキリ目が覚め，日中活動するのに必要なホルモン）が，しっかり分泌されます．一方，太陽の光を浴び日中外で活動している時間には，夜に熟睡するための睡眠ホルモンが分泌されます．覚醒ホルモンと睡眠ホルモンは車の両輪のようなもので，片方が欠けるともう片方も崩れていきます．

　つまり，夜更かしをすれば覚醒ホルモンがつくられませんから，朝起きられず日中も外で活動する意欲が出ません．その結果，睡眠ホルモンがつくられず，早く寝ようと思っても寝つけなくなり，また夜更かしするパターンに陥ります．覚醒と睡眠は悪循環になることは簡単ですが，元に戻すには片方だけを良くすることでは不十分です．その意味で一度崩れたリズムを戻すのは，容易なことではありません．

　ここで注意したいのは，先に述べた栄養の話にも関連しますが，ホルモンの原料はコレステロールであり，コレステロールはタンパク質が十分に摂取されないと，ホルモンの原料として臓器に蓄積されません．つ

まり，栄養が不足していたら，どれだけ良い生活リズムを目指そうとしても，覚醒ホルモンも睡眠ホルモンも分泌されにくくなるのです。

睡眠リズムの悪循環に，食生活の悪循環も加わるとさらに深刻な悪循環に陥ります（図2-1）。つまり，睡眠リズムが狂うことで，食事をとる時間や空腹を感じる時間に狂いが生じ，その結果栄養が十分にとれず，ホルモンの原料が体内に蓄積されなくなる。そうなると，悪循環が悪循環をよび，どこからどのように手をつけたらいいのかさえ見当がつかなくなります。

不登校であった学生が就職を考える時期になって，「朝起きられないから」という理由で，夕方から夜にかけての仕事に絞らざるをえないというのは，選択機会の損失という点で非常にもったいないことです。しかし現実にはそういったケースは後を絶ちません。

そのうえ，陽に当たらない生活によって，脳内伝達物質セロトニンが

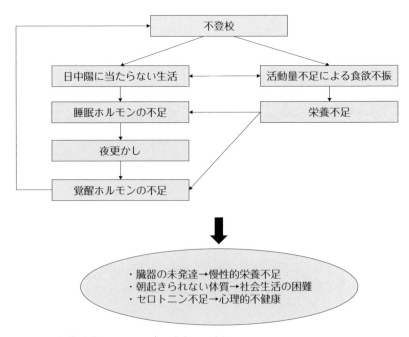

図2-1　栄養障害と睡眠リズム障害の悪循環

うまく機能せず，抑うつ気分・意欲の低下・情緒不安定などにもつながります。したがって，食事・睡眠などの基本的な生活パターンが損なわれていれば身体的にも精神的にも安定した状態は保ちにくくなります。それゆえ，長期にわたり継続的な治療が必要とならざるをえないケースは少なくありません。

第4節　社会的健康と適応性

1　不登校経験者はどこへ行くのか

　不登校経験者の予後における社会的健康度はいかなる状況でしょうか。森田（2003）によれば，中学校段階での不登校経験者のうち約7割は高校へ進学していくとのことです。ところが，そのうちの約40％が中途退学をしており，最終的に高校を卒業していくのは進学者のうち約58％であったそうです。
　大まかにいえば，不登校の中学生が10人いたとすると，7人は高校進学，3人は進学せず。さらに高校進学した7人のうち3人は中退し，卒業に至るのは4人ほどという割合です（図2-2）。高校進学後に中退した3人，および高校進学をしなかった3人は社会のどこで，どのような生活を送っているのでしょうか。
　これについての詳細な研究は，調査方法自体が困難なためか，正確なデータが見つかりませんでした。臨床現場において把握できる範囲では，まず高校中退した子の場合，全日制から夜間・通信制・単位制の学校，そこで続かなかった場合は専門学校へと，所属の場を転々としていくケースが多くみられます。
　親の立場からは「環境を変えれば，もしかすると」という期待を抱くのは当然のことですが，残念なことに功を奏したケースは非常に稀であるといえます。最終的に専門学校の卒業に至らず，アルバイトに落ち着くケースはあっても，居場所を転々と変えていくことは仕事に対しても

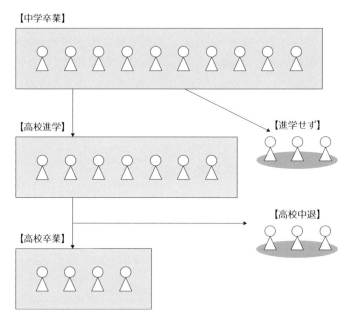

図2-2 中学時代に不登校を経験した人の行方

同じことがいえます。

　一方，進学しなかった子の場合はどうでしょうか。なかには，就職してその場にいったん落ち着くケースはあります。しかしそれもごく稀なケースであり，大半は早期に離職し，社会における所属の場を失っていきます。その場合，家庭が唯一の所属の場となりますが，兄弟・姉妹さらには父親とも関わりがなく，わずかに母親とのみつながっているケースが昨今はとくに増えていると実感します。

　また，両親の離婚・別居などによって片親と暮らしているケースや，両親が同居していても他人以上に他人のごとく互いにまったく関心をもたずに生活しているというケースもあります。家庭は人が関わる最小単位の社会です。ここでの人間関係構築が困難であると，家庭よりも外の社会集団，例えば学校や職場など，家族以外の他人との関係づくりはさらに困難となる可能性が高いと考えられます。

■2 転々と変わっていく居場所と人間関係

　対人関係づくりの困難さは，環境を変えるという手段に流れやすいようです。しかし，現在所属している場所でうまくいかないからという理由で環境を変える場合，別の環境に移ってもたいてい同じ問題にぶつかるものです。

　また，環境を変えることに活路を見出そうとする場合，一般的には変える度に前の環境よりも条件が悪くなります。職場であれば，給料が安くなる・勤務時間が長くなる・労働負荷が大きくなる。学校であれば，学費が高くなる・家から遠くなる・休んでも注意されなくなる，などです。

　学校や職場を転々と移っていく習慣は，生活の至るところに影響していきます。友人関係・恋人関係などの人付き合いも，わずかな感情のもつれが生じるとすぐに関係を切ってしまい，信頼できる人間関係を構築しづらくなっていきます。また公的支援の場に対するスタンスも同じで，医療・福祉関連機関の利用先もやはり転々としていく傾向が強いようです。

　しかし，そのような機関は数も限られていますから，いよいよ行く先がなくなってくると次第にどこにも姿を見せなくなり，その後の生活については把握することが困難となります。一度現れなくなった方に対して，直接的にも間接的にも「困っていることがあったら遠慮せず，いつでも連絡してきてね」と伝えることはあります。それでも，「勝手にキャンセルして迷惑かけたから，なんとなく行きづらい」と言って，自ら関係を閉ざしてゆくのです。

■3 「事後報告」に象徴される人間不信

　彼らに共通していえるのは，人に頼ることが苦手であることです。「自分が相手を不快に思わせてしまったのではないか」ということに対

しては，妄想的ともいえるくらい過敏なのです。

　一度相手に嫌われたと思ったら，それを修復する方向に意識は向きにくく，唯一関係を終わらせることのみが，彼らにとっての対処行動なのです。彼らの人に頼れないという特徴は，言い換えれば「基本的信頼感」の欠如です。それは他人に対してのみならず，自分という人間に対しても同様です。

　彼らの人間不信は，いつも大きな意思決定が「事後報告」という形で伝えられることにも象徴的に現れています。「仕事を辞めた」「恋人と別れた」「友人と縁を切った」すべてにおいて，迷っている最中は相談がなく，もう後戻りできない状態になってから事後報告がなされるのです。「決める前に相談してね」と何度念を押しても，やはり同じパターンが繰り返されるのです。

　「自分の考えと違うことを言われるのが嫌だから」「どうせ自分の中で結論は出ているから」と言う人もいれば「相談しようとは思いますよ。でも『もう無理』と思った瞬間に，パッと行動を起こしてしまうのです。後で冷静になって『しまったな』といつも思っています」と，衝動的な自分の行動について頭では理解できているという人もいます。

　それでも習慣や癖の段階であれば，とくにそれまで生きてきた時間が短ければ短いほど，カウンセリング・心理療法の場で，繰り返されてきたパターンを修正していける可能性は高いといえます。しかし，この拭いがたい癖のようなものが，やがて固定されていくと，それはその人の生き方の次元に入ってきます。生き方の次元になってくると，そのパターンを修正するのは一筋縄ではいかなくなります。周囲の人間はもとより，その人自身が今更変わることは難しいという認識を強くもつようになるからです。

　そうなると，今度はむしろ「今さら生き方を変えるのは，これまでの人生を否定することになる」というように，過去を否定しないために，現状を維持するという矛盾した現象が起きるのです。

■4 満たされなくなる「構ってほしい」欲求

　ここで気づかされるのは，実は義務教育すなわち小中学校という段階というのは，考えようによっては，失敗に対してものすごく寛容な場所であるということです。

　小中学校の場合，欠席をすれば周囲が当事者と同じか，むしろそれ以上に気にかけてくれます。自分から相談や問題解決のための行動を起こせなくても，友人や先生の方から学校という社会との接点を切らさないよう，繰り返し働きかけをしてくれます。どれだけ受け身的であっても，どれだけ期待を裏切ったとしても，小中学校の段階では何度でも戻るチャンスは与えられるし，何度でも手を差し伸べられるのです。これ以降の人生のどのステージにおいても，これだけ寛容な社会に所属できる機会は，生涯ありえないと断言できます。

　対価を払わなくてもお客さんという立場でいられる場所で，差し伸べてくる手をひたすら振り払ってきた人にとっては，義務教育から外れた途端，突然ハシゴを外されたような感覚に陥るかもしれません。高校に進学した場合，学費という対価に見合った営業努力だけは学校も保証してくれるかもしれません。しかしそれ以上の「構ってほしい」という欲求に対しては，残念ながら高校側は勉強や部活に意欲のある生徒にのみ時間と労力を投資します。人生において，経済原理の基本的な構造に初めて組み込まれるのが，高校というステージです。同じ教育の場であっても，高校や専門学校になると，学業成績や就職率という指標による，双方の利益の接点での付き合いになりますから，基本的にはどちらも選び選ばれる契約に基づいた関係になります。

　本書では不登校を主題にしていますが，高校生の不登校の話は除外し，小中学生の不登校を対象とした話に限定しています。なぜなら，小中学校生と高校生の不登校というのは，所属している社会システムの構造が根本から異なるため，同じ次元で取り扱うことは困難だからです。

　総じて，不登校経験者の社会適応度は高いとはいえない部分がありま

す。しかし，それを本人の落ち度というところに原因帰属させるのは，あまりに残酷なものだといえます。義務教育段階における学校社会というものが，それ以降の所属先と根本的にどこがどのように違うのか。そのことを大人は子どもに教えていく必要があります。義務で行く場所では権利も主張することはできますが，自主的に申し込んで所属させてもらう場合，権利を主張できる幅は圧倒的に少なくなります。

　高校以降の社会では，その場に適応する努力は個人の側に委ねられ，組織の側は必要な人材にだけ手を差し伸べます。それが資本主義社会の基本原理であり，むしろ義務教育である小中学校の9年間だけが，ほかとは違う特殊な時間であることを，できれば義務教育を受けている間にこそ理解しておくべきなのです。

第5節　経済的健康と将来の賃金

1　将来における賃金格差をもたらすもの

　読売新聞，2016年5月12日付の朝刊に興味深い記事が掲載されました。東京大学社会科学研究所の研究チームが，「中学生時代」に勤勉でまじめ，忍耐力のあった人ほど大人になったときの所得が高い傾向にあるという調査結果を発表したのです（読売新聞，2016）。

　これは29～49歳の約4500人を対象にした中学生時代の行動に関するアンケートで，勤勉性・まじめさ・忍耐力を示す質問内容を4段階で自己評価してもらう方法をとっています。有効回答を得た約3500人の平均年間所得と性格との関連性において，いずれの性格も4段階評価で最高のグループが最低のグループの所得を大きく上回り，その差は勤勉性で65万円，まじめさで73万円，忍耐力の75万円という結果でした。

　中学生時代の勤勉性・まじめさ・忍耐力が将来の賃金における格差を生み出している。さらには，微々たる差とはいえ，勤勉性よりもまじめさ，まじめさよりも忍耐力と，将来における賃金格差の幅が最も大き

かったのが「忍耐力」という点を，どのように解釈すべきでしょうか。

中学校生活においては部活動に勉強と，周囲からの期待に応えなければならない場面の重みは，小学校生活の比ではないと思います。それらにどの程度耐えていけるか。そこでの忍耐が続かなかった場合に，次に問われてくる忍耐の分岐点は，学校を休むか休まないかという場面になってくると考えてよいと思います。つまり上記の統計調査は，「今ここで休むか休まないか」という忍耐力が試される場面において，耐え忍んだ子とそうでない子とでは，将来の所得に格差が生じる可能性を示唆しています。

2　子どもには響かない将来のお金の話

こういった仮説を臨床の現場でどのように活かすかというのは，また別の話になります。不登校の当事者である子どもに，登校復帰をうながす目的で将来の賃金格差の話をしたとして，そこにはたしてどれほどの意味があるのでしょうか。

思春期の子どもの場合，成人と比べて今日と明日の連続性があまり意識されず，基本的には一日一日が「その日暮らし」です。一日のなかでさえ，朝から夜までの見通しが利きません。「今日の自分はおそらく明日も同じ自分である」という感覚すら乏しいのです（このような思春期の子どもの時間感覚については，「第7章　第5節　2」で詳細に説明しています）。

「その日暮らし」の子どもに対して，義務教育を終えた後のこと，ましてや働いてからの収入がどうかなど，実感がもてなくて当たり前です。そうなると，将来的な賃金格差という話が，目の前の「学校に行くか行かないか」という意思決定に影響する可能性はないに等しいと言ってよいでしょう。

その一方で，将来の賃金格差という話は，保護者の方に対してはきわめて現実的な問題として認識されうるものだと思います。子どもが成人してからも，経済的に援助していける余裕があるなら話は別です。しか

し，今現在は切迫した状況ではないにしても，親世代が亡くなった後のことを考えると，やはり子どもの経済的自立は多くの家庭において共通する最低限の目標になると思います。

ところが先ほども述べたように，とくに小中学校段階の子どもに登校刺激を与えるための材料として，直接的に将来の賃金格差という話を強調してもほとんど響きません。むしろ「お父さんもお母さんも，僕・私の気持ちよりも，将来のお金の話のほうが大事なの？」などと，逆効果になることも考えられます。そうするとやはりお金の話は，不登校という問題と対峙する局面においては，親が頭の片隅にとどめておくのが無難だと思います。

3 希望としての教育を受け取らない選択の反動

さらに別の側面から，一国民としての中学校生活をとらえてみます。平成24年度の国税庁の発表として，公立中学校においては1人につき年間993,000円の税金が教育補助金として充てられています。

みんなが働いた税金から，1カ月で82,750円，1日につき2,720円という金額が，1人の中学生の学校生活のために支給されているのです。これをありがたいことと思うか，当然のことと思うか，迷惑なことと思うかは，その人の価値観かもしれません。

しかし，こうした教育を受けられる社会が出来上がったのは，私たちの先祖にとって子どもたちの存在こそ日本という国の将来に対する「希

【コラム7】 教育におけるお金の話にネガティブな日本人

もしお金に対する教育も大事だと思うのであれば，ネガティブな場面での「○○をしないと貧乏になるよ」という脅し文句めいた言い方よりも，ポジティブな場面で「○○をするとお金持ちになれるよ」という提示の仕方のほうが健全な形です。もっとも日本人の場合，後者のような考え方や表現の仕方は，あまり好まれないことが多いようです。

望」そのものであったからでした。希望としての教育を受け取らない選択，つまり誰にでも無条件に用意されている先行投資の機会を拒否して生きることと，先の調査結果が示す将来の賃金格差は，はたして無関係といいきれるでしょうか。私にはそこに因果関係を見出すための，客観的証拠を提示することはできません。しかし，主観的な印象としては，やはり何かしらの関連性を見出さずにはいられないのです。

4 臨床家にとって避けて通れないテーマ

現実的かつ具体的な賃金の話となると，心理臨床の場では敬遠されがちなテーマかもしれません。それでも，360度あらゆる側面の健康を目指した関わりをしていくのであれば，このテーマは避けては通れないものとなります。その意味では，上記した範囲の経済的健康に関する予備知識も，決して十分なものとはいえません。

日々刻々と変わっていく社会経済情勢に対してアンテナを張っておくことは，家庭問題を広く包摂する不登校臨床に携わるうえで，欠かせない条件であるといえます。一般的な「心理カウンセラー」のイメージを覆せるくらいの幅広い見識は，保護者から確かな信頼を得るためにも，大切な要素になると思われます。

第6節　倫理的健康と人間の尊厳

1 「人と人との間」によって規定される日本人の行動

第2章の結びとして，不登校の予後と健康との関連における倫理的健康について考えてみたいと思います。昨今「職業倫理」や「コンプライアンス」という言葉が盛んに使われるようになりました。これらの言葉に対して，漠然としたイメージはあっても，具体的な意味を理解するのは案外難しいように思われます。

それではまず「倫理」について，どのように考えたらよいでしょうか。例えば，あなたにとって殺したいくらい憎い人がいるとします。そのとき，殺人という願望を実行に移さないとしたら，その理由は何でしょうか。殺人が刑罰に値すると法律で決まっているからでしょうか。もし行動を抑制するものがあるとしたら，それは法に触れるからという理由だけでしょうか。法に触れるという理由以外に，行動を抑制するものが存在するとしたら，それはいったい何でしょうか。そこに残った言葉にできない感覚を，なんとか言語に置き換えたもの，それが倫理というものではないでしょうか。

【コラム 8】 一生懸命仕事をする人ほどぶつかる職業倫理の壁

倫理的健康を考えるヒントとして，「職業倫理」について具体例を挙げてみたいと思います。例えば，ある目の前に迫った事態は，職務上規定されている範疇（はんちゅう）であり，Aという規則に則れ（のっと）ばある動きをしなければならない。しかし，その動きをした場合，同時に職務規程全体のなかのBという規則に違反するという状況に陥る。そのような葛藤状況で，どのような意思決定を行なうのか。これは職業倫理を問われる一場面だと思います。

また別の例では，ある目の前に迫った事態に対して，援助者がクライアントにとって望ましいと考える対処行動が，職務上の規則では原則禁止事項となっている。そのような葛藤状況で，どのような意思決定を行なうのか。それらが職業倫理ではないでしょうか。心理臨床の現場にとどまらずあらゆる職業のなかで，お客さんのために一生懸命に仕事する人ほど，職務規程と例外規程との狭間で葛藤する状況に陥りやすいと思います。

ところが，現実に起こりうるすべての状況を，規則でカバーしきれるものではないし，規則と規則の間には狭間というものがかならず存在します。仮に全体をカバーできていたとしても，当初の想定を超える新しい状況に対しては，規則自体を見直す必要性もあるかもしれません。

また最も肝心なのは，どれだけ隙のない完璧な規則があったとしても，それを解釈し利用するのは，異なる価値観と思考様式をもった人間同士であるということです。このように職業に限定された倫理であっても，一筋縄ではいかない不確定要素を孕んで（はら）いるものだということが分かります。

一般的に欧米人の倫理観は「神との契約」に基づいているといわれています（木村，1972）。現実の生活における行動パターンがいつもそうであるとは限りませんが，一応は神という縦につながる関係に対して，倫理観が貫かれているということになっています。
　一方で，日本人は欧米人のような縦の関係に対して，倫理的配慮を施しながら生活している民族ではないようです。日本人にとって，欧米人の「神との契約」に相当するほどに行動を規定するもの，それは横の関係すなわち「人と人との間」に存在します。欧米人が神の教えに倫理的配慮を行なうのに対して，私たち日本人は世間の感覚に対して倫理的配慮をしながら，自らの行動の意思決定を行なっているのです。
　私はこのことを，ネガティブな文脈で扱うつもりはありません。単純に日本の社会というのは，法には触れていなくても世間にとって倫理的に許容されなければ，容赦なく叩きのめされます。逆に，法に触れることであっても世間にとって倫理的に許容されれば，何かしらの救いの手が差し伸べられるのも日本の社会なのです。何はなくとも，世間の感覚という漠然としたものに対して，倫理的配慮を施した行動こそ模範であり規範です。そしてそれが，互いを評価しあう際の暗黙の尺度なのです。

2　家族によって隠される当事者の存在

　ここまで準備したことで，ようやく不登校の予後における倫理的健康の話に入ることができそうです。不登校経験者の将来における生活は，倫理的に健康かどうか。これは非常に難しい問いであります。
　社会に属することや働くことは，それをしないからといって法的に罰せられるものではありません。それにもかかわらず，私たちはそれを自分や他人に対して，無意識に強要しながら生きています。そこにある目に見えない力とは何か。これが日本人の倫理観です。
　社会に属していない，働いていないということが，世間が期待する倫理的配慮に欠ける状況であるということを，暗黙のうちに承知している

家族の多くは，現在の我が子の状況を公には秘密にしておきたいという傾向があります。当事者である子どもは，親世代よりも年齢的には若く社会経験も乏しいゆえ，そのあたりの世間の感覚には比較的疎いことが多いのですが，親の場合は違います。子どもの立場を守ることもさることながら，まずもって自分たちの立場を守ることができなければ，子どもを守ることさえ難しくなるからです。

社会的制裁の眼差しは，当事者の家族に対して「恥」の感情を想起しやすく，それゆえ「いっそ存在そのものを消す」という予防線を張る事態につながっていくのです。

そして，世間的な倫理に対して不健康な状況が本当の意味で厄介なのは，そうした状況から家族を守るために，当事者の存在が社会的に隠蔽されていくことです。また隠蔽されることで，さらに外部との接点をもつ機会が失われるという悪循環に陥っていきます。

3 バッシングから逃れるための免罪符

親が健在の間は，隠蔽に隠蔽を重ねたとしても日々の生活は成り立つでしょう。隠蔽する方向から後戻りできなくなった最終的な状態が「あの子を看取るまでは，私は死ねない」「自分が先に死にそうになったら，あの子を連れて心中します」とまで言いきる，親御さんの姿です。

子どもが学校に行かなくなった，家から出なくなった段階を第 1 段階とすると，この段階では外部との接点をなるべくもてるよう，ほとんど

【コラム 9】 当事者が隠されるケースの実例

実際の例を挙げるなら「外で散歩をするなら，なるべく夜にしてね」と親から言われたことに憤る当事者の方もいれば，「同窓会の誘いが来ましたが，本人に言わずに私から断っておきました」と話す母親もいます。また，さまざまな要因が複合しての結果とはいえ，家族ごと居住地を市街地に移すケースも存在します。

の親は一生懸命努力します。その努力に結果がともなってこないことに心身ともに疲弊すると，第2段階では「現実逃避と開き直り」から，親は子どもの生活状況に対して，何も口を出さなくなります。「あの子にはあの子の人生がある」「自然の流れに任せていくしかない」「やれることはやり尽くした」こういった言葉を親が発するような状況は，第2段階の「現実逃避と開き直り」に移行したサインだと考えてよいと思います。

　第2段階に入ると，子どもを病院に連れていくという行動を，親はとらなくなっていきます。ですから，この段階にいる事例に直接出会う機会があるとすれば，第1段階から続けて治療に通っているパターンとなります。それでも第1段階でうまくいかず，第2段階の「現実逃避と開きなおり」に移ったタイミングで，治療をドロップアウトするケースも少なくはありません。それゆえ，第1段階でのアプローチがいかに大切かを再確認する必要があります。

　第3段階に入ると，親は子どもを社会的に隠蔽します。第2段階までは，なんとか心理療法・カウンセリングでも対処できるかもしれませんが，この段階に差しかかると私たち援助者が無力感に陥るほど，手の施しようがなくなってきます。第2段階の状況であらためて病院を探す行動をとることがない一方で，第3段階に入ると第1段階の頃とは別の理由で，新たに病院を訪れるケースが登場します（表2-1）。第2段階よりも，第3段階のケースのほうが積極的に相談に訪れる親が増えるのです。それはなぜでしょうか。

　臨床現場では「なぜこうなるまで放っておいたのか」「ここから社会復帰していくのにどれだけ時間と労力がかかるのだろうか」と，問い質

表2-1　不登校児への親の対処行動の3段階

進行度	親の状態	新規来院の有無
第1段階	子どもを外に出そうと努力	○
第2段階	現実逃避と開き直り，無気力	×
第3段階	社会から子どもを隠蔽	○

したくなるようなケースにぶつかることが度々あります。しかし，このような問いは第3段階で相談に訪れた親に対しては，かなり的外れなものです。彼らの本当の主訴は，もはや子どもの社会復帰ではなく「いかに世間の社会的制裁から自分たちの身を守るか」というものに変わってきているからです。

　表向きは違う主訴がなされていても，本質的にこのような動機をもって訪れた親にとって，根底にある専らの関心は「子どもの人生をできる限り穏便に終結させていくための準備」です。かなり率直な言い方をするならば，よりよく生きるための相談というより「親子共々なるべく世間から叩かれることなく，いかに平穏に死んでいけるかの相談」に来ているといえます。

　この段階に至れば，それも確かに切実な相談にはなりますが，一般的な心理臨床の場で扱う主訴としては，守備範囲を若干超えているかもしれません。

　なぜなら，この段階で相談に訪れる親にとって，子どもの自立をうながすための助言は，実は世間からのバッシングと同じものとして聞こえているからです。それを聞きたくないがゆえに，それらから身を守りたいがゆえに，相談の場を訪れているのが本当の理由なのです。そんな嫌な思いをしてまで相談の場を訪ねる理由があるとするならば，それはいったい何でしょうか。

　あえてお互い口にはしませんが，治療者である私は知っていますし，保護者の方も気づいてはいると思います。それはつまり，「病める者」であることで得られるアイデンティティそのものが，世間からのバッシングを軽くするためのアピール材料として働くということです。

　無論，ここで対象としている子ども——といっても年齢的には成人ですが——は，知的にも精神的にも障害をもたない子どもです。彼らに「病人をこれ以上いじめないで」という免罪符を与えるためだけに医療機関が存在しているとしたら，虚しさ以外に何が残るでしょうか。

　以上のように，世間的な倫理に対する不健康は，自尊感情の低下にと

もなう心理的不健康，不眠や栄養失調にともなう身体的不健康，適応力の低下にともなう社会的不健康，将来の賃金格差にともなう経済的不健康，これらの比にならないほどの危機的状況を人にもたらすことがあります。

　健康に関する問題は，心理臨床の場であっても心理的な側面からのみではなく，さまざまな方面からみていく必要があります。とりわけ，不登校の子どもに対しては，学校という場に所属しているうちにどこまでアプローチできるかによって，卒業後の生活も自ずと決定されてきてしまうようです。後になって後悔しないためにも，できる限り早い段階での介入が欠かせないと思われます。

第3章 不登校の子を持つ保護者との出会い

第1節 保護者と出会う前の心構え

1 保護者が抱える被害感情

　現代においては，不登校の子を持つ親に対して「家族因」を突きつけるような言葉がけがなされる場面は，以前に比べるとずいぶん少なくなってきていると思います。それでも，傷つきの体験，自責感，恥，怒りといった感情を保護者が抱えていることは，今も昔も変わらないようです。

　第1章で，1970年代から1980年代半ばまで「学校因」の時代といわれ，学校教育に問題の焦点が当てられた時期があったと述べました。それでも，1980年頃の不登校の子を持つ親が，学校から「家族因」を直接押しつけられることは珍しくなかったようです。それは，「どこの先生もはじめのうちは親切に指導して下さいますが，自分がお困りになってくると皆私を責めてこられます」という親の回顧録（一瀬，1980）にも象徴されています。また，公にもそれが許容されていた根拠も存在します。

　以下に1989年の愛知県教育委員会刊行の手引きの一部を引用します。

　　一般に登校拒否の児童生徒の性格は，自己決定力が弱く，協調性や融通性に乏しく，神経質である。このような性格は，本人の生得的なものであるが，家庭における養育態度や親の性格などの要因が大きく影響する。長男長女時代に象徴される子どもの数の減少や，

生活の合理化によってできた時間のゆとりは，わが子の将来への期待に向けられ，過干渉・過保護といった養育態度として現れる。また，社会情勢の変化は父親像・母親像の変容にもつながり，子どもの性格形成上必要な生き方を示すモデルとなりにくい場合もある。いずれにしても，判断力・忍耐力・協調性に富んだ児童生徒が育ちにくい土壌が家庭内にあることは確かである。

(愛知県教育委員会, 1989)

遠まわしで冗長な表現が使われていますが，端点にいえば「登校拒否は，本人の元々の性格も関係しているが，基本的には家庭環境に原因があると思ってください。ましてや学校に原因を押しつけるなんて論外です」という内容です。

一方で現代の不登校の子を持つ親は，「家族因」に対してどのような感情を抱いているでしょうか。一時期「モンスターペアレント」という言葉が流布したように，学校に対して過度な自己主張をする保護者の存在が社会問題となっています。確かにそのような側面があることは否めませんが，こと不登校の子を持つ親の肩身の狭さに関しては，時代の流れとは無関係に存在しているというのが，臨床の現場で得られる実感です。

実際のところ，専門の相談機関を訪れるケースは，不登校全体の数から推計すると，ごくわずかな氷山の一角でしかありません。私たち相談を受ける立場の人間は，不登校の子を持つ親がみな外部に相談を求めて

【コラム10　親が感じる責任の重さ】

私が担当したケースのなかで，ある中学生の不登校の子を持つ母親はとても勉強熱心で，不登校に関する書籍を自分で探しては，書いてある内容について度々面接の場で話題にしました。その母親は「よほど強い気持ちがないと『不登校は親の育て方が原因』という内容の本は，気分が落ち込んでしまって読めません」と言いました。

いるかのような錯覚につい陥りがちです。しかし現実には，相談の場に足を運ぶことで「二次的ストレス」を受けることを恐れている保護者のほうが圧倒的に多いということを，念頭に置いておく必要があります。

2 治療者のなかにある「家族因」論

　先にも述べたように，私は現代的な不登校の要因について，第二次反抗期の親子関係が大きく関わっていると考えています。したがって，治療者として広い意味での「家族因」論者であると言われても，否定はできないと思います。このことを，自分自身に対して隠す必要はないですし，むしろ自覚することこそ大事だと思われます。

　仮に多くの援助者のなかに，「家族因」論が備わっているとした場合，それはいったいどこから来ているのでしょうか。臨床心理学の源流の一つであるフロイトの精神分析学は，患者の幼少期の親子関係に病因を見出しました。続いて，彼の後継者たちは，とくに乳幼児期の母子関係を重要視してきました。さらに，アメリカにおける家族療法は「病理の根源は家族に問題がある」ことを前提とする家族研究の色が濃く，精神分析的な理論や，家族内コミュニケーションに関する理論の応用，またシステム論を援用した治療方法を開発してきました。その有効性が示されればされるほど，「家族に問題がある」という1960年代当初の結論に帰着していきました（赤津，2013）。

NG対応集 テイク ❶　　保護者の前で「家族因」を探らない

先に「自分自身に隠す必要ない」と述べましたが，援助を求めてきた保護者に対しては，極力「家族因」を探るような表現は使わないことが求められます。万が一，「自分は保護者の皆さんの味方です」という顔をしていながら，無意識に「家族因」を探っているとしたら，それは援助を求めてきた保護者を，再び治療の場から遠ざけることになります。

日本においても例外ではなく，そのため，家族療法初期の考え方であった「病理の根源は家族に問題がある」という前提は，払拭されないまま現在に至っています。不登校に当てはめても例外ではありません。例えば瀬尾（2013）は，不登校の背景として家庭環境を重視する立場は少なくないと述べています。また千原（2015）は，特定の要因に偏らない立場であっても，不登校の背景として「本人が抱えている発達的な課題や生まれつきの性質」「家庭養育の課題」「学校教育の課題」「現代日本社会の課題」の4つの次元から考えられることが増えていると指摘しています。やはり「家庭養育の課題」は見過ごせないものとされているわけです。

このように，不登校と家庭養育が強い結びつきがあるという思考は，私たち心理的援助の専門職者の多くに深く根づいた考え方といえます。不登校の子どもを前にすると，さしあたり家庭環境の要因に目を向けるのは，心理的援助者が心理的援助者であるがゆえの特性ではないでしょうか。重要なのは，そのような先入観をもっていることへの自己洞察です。なぜなら，自分の内側にある価値観を知っておくことは，それを表に出すか出さないかをコントロールするうえで欠かせないからです。

第2節 保護者への接遇——信頼関係構築への第一歩

1 自分より若い治療者に対する不安

心理的援助者への相談に訪れるに際して，クライアントは誰しも「どのような目で見られるのか」「どのように思われるのか」「どのような扱いをされるのか」という不安を多かれ少なかれ抱いています。

とりわけ，不登校の子を持つ保護者であれば，「我が子を安心して任せられるのか」「子どもの人生を委ねても大丈夫なのか」という疑心暗鬼にかられて当然です。そもそも，大学院までをストレートで修了し，新卒で臨床心理士資格を取得し，キャリア10年を経た治療者は，大体

34, 35歳です。したがって，不登校の子を持つ親より，キャリア10年以内の治療者のほうが年長であることは，初産年齢の高齢化が進む現代ではあまりないといえるでしょう。

　治療者自身が子どもを持つ親になったとしても，現場で出会う不登校の子どもと自分の子どもの年齢が同じくらいになるのは，キャリア20年前後（早くても40代半ば）が平均的なところではないでしょうか。したがって，実年齢においても社会人としての経験という面においても先輩として位置づけられる人間と，若輩者である人間が，一方は相談者として他方は専門家として出会うのが，不登校臨床の現場なのです。いくら専門家とはいえ，人生経験・社会経験において若輩者である治療者に対して，保護者が抱く不安はいったいどれほどのものでしょうか。

■2　保護者の信頼を得なければ続かない子どもの通院

　不登校の場合，子どもが自ら病院や相談所に「そちらにかかりたいのですが」と問い合わせてくるケースはまずありません。不登校児と治療者のファースト・コンタクトは，さしあたり親を媒介として行なわれることが基本です。それゆえ，治療者は自身と保護者との信頼関係がどの程度構築されているのかについて，たえず敏感である必要があります。

　子どもへの治療が順調に進んでいると治療者側が考えていたとしても，親が同じように考えているとは限らないこともあります。あくまで，次の面接に来るか来ないかの決定権は保護者のもとにあるため，子どもとの治療関係がどれだけ深まっていようとも，いつどのタイミングで治療中断になるかは分かりません。

　子どもをいくら動機づけたところで，最終的には保護者の納得と了解が得られなければ，あっさり他院へ転院されたり，また突然来院が途絶えたりということが，きわめて日常的に起こりえます。子どもとはもちろん保護者とも信頼関係ができていると自分では思っていたにもかかわらず，「知人から良くない評判を聞いた」「ほかに良い病院があると聞いた」という理由で突然治療中断になるというケースも過去にありまし

た。

　だからといって，何も保護者に媚びへつらう必要はありません。伝えるべきことは，きちんと伝えるべきです。中断になることを恐れてしまい，保護者の言いなりになるようでは本末転倒です。保護者の意向は尊重しつつも，治療を主導していくのはやはり治療者なのです。時には，保護者の意見とは異なる方向へと導いていかなければならない場面も出てきます。

　しかし，保護者よりも年齢的に若い治療者が毅然とした態度で振るまうためには，「この人なら信頼してもいい」という印象形成も大事です。治療の中身に対する評価は，治療の少し前の段階における人間関係構築の場面からすでに始まっているのです。出会った最初の場面での印象は，思った以上に長いこと引きずられます。それが良いものであればいいのですが，悪い印象だった場合にそれを挽回するには何倍もの時間がかかります。

■3　「治療的接遇」の重要性

　初めて治療の場を訪れた子どもとその保護者にとって，専門性の高さを評価する基準というものは，初めて出会った治療者が基準となっていきます。その際に「なんだ，臨床心理士っていうのはこの程度か」と思われてしまうことは，その心理士個人へのフィードバックのみならず，業界内で日々努力している専門職者全体への社会的評価を下げることになります。そして，専門性への評価というのは，人付き合いにおける一般的な接遇応対が先にあって初めて，そこに目を向けてもらえるのです。

　立ち振るまいに無頓着で，相手に与える印象に配慮できていない心理士は，「人のことの前に，自分のことが見えていないのでは？」という疑問をクライアントに生じさせます。もっといえば，クライアントが面接室に入ってきて初めて仕事が始まるという考え方自体，治療者側だけの思い込みなのです。なぜなら，治療者はクライアントからの評価の眼

差しに常にさらされており，その意味で出会った瞬間，あるいはそれ以前からすでに治療的関係は始まっているのです。

にもかかわらず，大学院における臨床心理士の育成カリキュラムのなかに，接遇に関する内容はほとんど入っていません。私が勤務するクリニックでは，定期的にビジネスマナーの講師を招いて研修を受ける機会があります。講師の方に言わせると，医療関係者の接遇のレベルはほかの業界と比較しても，あまり芳しくないようです。

私自身は民間企業に営業職として就職できたことで，ビジネスマナーに関しては，会社の新人教育研修のなかで指導される機会がありました。それでも一般的なビジネスマナーだけでは，この業界で求められる接遇のレベルにはほど遠いことを痛感しました。

面接室の内外での立ち振るまい，接遇応対は，意外なほど治療の行方を大きく左右すると私は考えています。それゆえ，私は治療者に必要な接遇応対を「**治療的接遇**」とよび，それも重要なスキルの一つとして位置づけています。そこで次節から，「専門家」とよばれる職業の人に軽視されがちな接遇マナーについて，具体例を挙げていきたいと思います。

繰り返しますが，専門家である前に，一人の人間として誠意の感じられる接遇や配慮ができるかどうかは，結局のところ専門家としての評価そのものを形づくる大きな要因になるのです。

第3節　治療的接遇の実例(1)——待合室の中

1　待合室での応対

以下，本章に使われる写真は，2007年にカナダで開かれた国際心身医学会の第19回大会（19th world congress on Psychosomatic Medicine Quebec City in Canada）で発表したもの（Nakanishi, 2007）から引用したものです。

図3-1の2枚の写真それぞれにどのような印象を受けるでしょうか。両者を比較すると，クラアイント（右側の女性）に与えている印象はずいぶん違うと思います。細かい部分で見ていくと，写真①では，クライアントは斜め下を向いているにもかかわらず背筋がまっすぐ伸びています。一方，写真②では，斜め上を向いているのに背中はやや窮屈に曲がっており，若干卑屈な印象すら受けます。この違いは，心理的な圧迫感を感じているかどうかの身体表現として考えることができます。

　次に，クライアントの腕の角度に注目してください。写真①では腕の角度は90度に近く，両肘も外側に自然な形で開いています。一方，写真②ではやや腕が突っ張っていて，両肘が内に絞られているように見えます。人間の身体は不安・緊張が強いと硬直しますから，肘が突っ張って内側に絞られているのはその現れです。逆にリラックスして無駄な力が入っていないと，外側に開いていきます。さらに手のひらを見ると，写真①では両膝の上に置いてあるのに対して，写真②では両膝で挟み込むような状態になっています。無意識に手を隠すのは，警戒心の現れです。

　では2枚の写真のような，クライアントの身体表現の違いをもたらした要因は何でしょうか。まず一番大きな要素は，治療者側の目線の高さです。上から見下ろすというのは文字どおり「上から目線」となり，受け手側は「見下される」ことで圧迫感を抱き，それが卑屈にみえる身体表現に反映されるのです。日常生活のなかで自尊心が傷つき，ワラにもすがる思いで相談に行ったら，また同じ目に遭う。これでは，信頼関係を構築していくのは難しくなります。

　もう一つは両手の使い方です。手というのは握手をする，挨拶のために手を振るなど，人間が進化していく過程で，さまざまな「社会的役割」を帯びてきた身体機能の一つです。静止画では分かりにくいですが，写真①では治療者はこの姿勢のなかで，不自然にならない程度に，両手に何も持っていないことを意識的にアピールしています。もちろんポケットから何か取り出すことも不可能です。これも文字どおり「手の内を明かす」ということであり，手の内を明かされた側は，無意識に緊

写真①

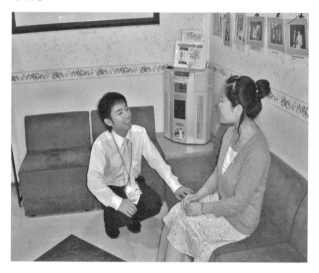

写真②

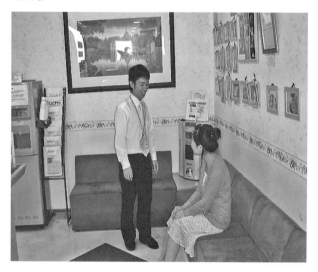

図3-1　写真①と②，どちらが望ましい接遇か

張感と警戒心がほぐれ，本能的に安心感を覚えます。

　治療者の手の使い方に呼応するように，写真①ではクライアントの側もまだ遠慮がちながら「手を明かしていいのかな」という状態になっています。こうした待合室での小さな安心の積み重ねが，ゆくゆくはクライアントにとっての「この場では自分の心の内を明かしてもいいのかな」という気持ちにつながっていくのです。

■ 2　面接室への案内

　クライアントが面接室に入室する際の形式は，臨床心理面接が行なわれる分野・業界，あるいは施設・設備環境によって多種多様であると思われます。それら，サービスの提供者側の都合だけでなく，クライアントのプライバシー保護の観点からも，入室への案内には柔軟な姿勢が求められるでしょう。

　それでも，図3-2の写真③のように治療者自らが待合室まで迎えに行き，面接室まで付き添いをするのは，クライアントと会うときの基本的な姿勢だと思います。飲食店や宿泊施設を訪ねたとき，客人を出迎え目的の場所まで案内するのは，高級レストランや高級ホテルに限った話ではなく，日本における人付き合いの基本的な礼儀作法ではないでしょうか。

　例外があるとすれば，その代表は大型の総合病院です。部屋の中からよばれたり，放送でアナウンスがあったり，電光掲示板を見たりして，患者さん自らがドアを開け，入室していく写真④のような形式は，総合病院では一般的な光景です。この光景，よく見ると就職の面接場面のようでもあります。2者の間に明らかなヒエラルキーがあるような特殊な場面でない限り，呼び出されて入室するというのは，日常的にはまずありません。とくに，初めて行くような場所では，扉の向こうにどのような光景があり，誰がどのような佇まいでいるのかも分からないため，緊張感・警戒心はいっそう増すことでしょう。

　「患者数の多い総合病院では時間的効率が求められる以上，致し方な

写真③

写真④

図3-2　写真③と④,どちらが望ましい接遇か

いことだ」と言われるかもしれませんが，それは半分以上建前ではないでしょうか。なぜなら，医師自ら待合室にいる患者が何をしているのかを見て，会話をしながら診察室のイスに座るまでの歩き方・表情などの様子を診察すれば，時間のロスは起こりません。むしろ診察室の中の会話だけで得られるより，よほど多くの情報を患者さんから得ることができるかもしれません（ただしこの点については，診察室の中でのやりとりのみに価値を見出してしまい，診察室の外での応接という無形の診療行為を，診療行為として認めない患者さん側の意識の問題もあると思います）。

また医師に限らず心理士にとっても同じことです。「本を読んでいる」「スマートフォンで遊んでいる」「考えごとをしている」「ほかの患者さんと話をしている」「寝ている」など，待合室にいるクライアントがどのような待ち方をしているのか。あるいは「服装はどうか」「表情はどうか」「予約時間より早く来たか，遅れて来たか」。面接室で起きていることだけでなく，面接室という枠と外の社会との中間にある待合室にいるクライアントの状況を知ることは，クライアントへの理解を深めていくうえでとても貴重な機会となります。

以上のように，待合室から面接室までの案内というのは，クライアントを出迎えるという接遇としての意味にとどまりません。クライアントの不安を軽減するという治療的側面はもとより，面接室の外での様子を知るということは，治療開始のための「見立て」という側面からも，非常に意義のあることなのです。

第4節　治療的接遇の実例(2)——面接室の中

■1　自己紹介の仕方

面接室に入った段階で，治療者がクライアントについて何も情報をもっていないということは通常起こりえないシチュエーションです。電

話での申し込みや窓口での申し込みの段階で，氏名・年齢・性別・主訴などに関しては，一通り述べられているはずだからです。面接室に入った直後においては，片方（クライアント）はきわめてパーソナルな情報を知られているのに対して，もう片方（治療者）は見た目からのおおよその年齢と性別以外には，ほとんど何者か知られていない状況から，治療的な付き合いが始まります。人と人との関係としては，きわめて非日常的な出会い方といえるでしょう。

　始まりの段階で，すでに「持つものと，持たざるもの」という不均衡な状態が出来上がっているわけですから，ここはまず心理士のほうから「心理士の〇〇と申します。よろしく願いします」という自己紹介でもって，場の不均衡を緩和するよう努める必要があります。

　その際，自らの職業を「心理士」と名乗るか，「カウンセラー」「心理療法士」「臨床心理士」と名乗るかについては，さまざまな考え方があると思われます。重要なのは，自分の職業アイデンティティを貫くことよりも，クライアントにとって自分が何をする人なのか簡潔・明瞭に伝えられる名乗り方を心がけることです。

　伝え方は，クライアントの年齢・職業などによっても変わるかもしれませんし，カウンセリングの場を利用するのが初めてかどうかなども，考慮されて然るべきであると思われます。一見納得されたようでも，それぞれ職業イメージへの先入観がありますから，自己紹介と同時にこの場でこれから何を行なうのかについてのガイダンスと併せると，その後のやりとりもスムーズに進行していくでしょう。

　クライアントにとって，図3-3の写真⑤のように自分が座った状態で，立っている相手から一礼とともに自己紹介を受ける機会というのは，日常的にあまり経験することはないと思われます。もしあるとすれば，自分がお客さんとしてセールスを受けるような場面くらいでしょうか。本来カウンセリングの場においても，クライアントはお客さんであり，セラピストはサービスの提供者ですから，礼節をもって迎え入れるのは当然です。

　ところが「専門家への相談」という意識から，クライアント自身も写

写真⑤

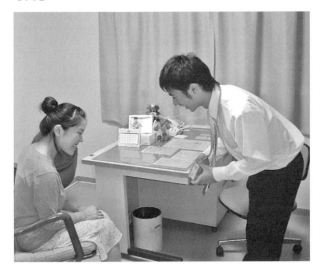

写真⑥

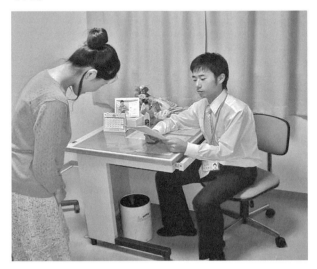

図3-3　写真⑤と⑥, どちらが望ましい接遇か

真⑥のような立場になるほうが自然と考えているのかもしれません。しかし，専門家（specialist）でありながら，一般人（generalist）としての常識を兼ね備えておくことは，クライアントから安心・信頼を得るきっかけになるのはもちろんのこと，クライアントに対して自らの存在を，「共通言語・共通文化のなかで対人関係を構築してよい対象」つまり「自分たちと同じふつうの人」であることを伝える意味も含みます。この「ふつうの人」「一般的な人」という感覚をもってもらえることが，実はとても大事なのです。

　最後に，接遇に関しての私の個人的な感じ方ですが，クライアントから先に挨拶をされることや，クラアイントのほうが深いお辞儀であったりすると，「ああ，しまった」という後悔が浮かびます。そして，次にその方にお会いした際には，「自分から先に挨拶しよう」「こっちのほうが深いお辞儀をしよう」という気持ちを心にとどめておくわけです。その方に対してだけでなく，ほかのクライアントに対しても，「最近の自分の挨拶はどうなのか」という振り返りの機会をいただける点で，礼儀正しいクライアントの存在は本当にありがたい存在なのです。

■2　距離と位置関係

　一般に広く知られている心理学の理論に，「メラビアンの法則」というものがあります。人の行動・言動が他者に影響を与える要素として，話の内容はたった7％，声のトーンや話し方などの印象は38％，外見や身振り手振りなどの視覚から入ってくる印象が55％の割合というものです。

　のちにメラビアン自身「この実験は失敗だった」という論文を発表していることは，一般的に知られていないかもしれません。ですが「言語的コミュニケーション」「非言語的コミュニケーション」という2つの要素のうち，「非言語的コミュニケーション」つまり会話の内容以外の要素が，人間に対して無意識的に及ぼしている影響が大きいのは確かです。しかもその影響力は，メラビアンのいうとおり「言語的コミュニ

ケーション」よりもはるかに大きなものです。

　例えば，座り方の位置関係ひとつでも，図3-4の写真⑦のような相手と斜めの位置関係，写真⑧のような相手と正対した位置関係，それぞれで印象はまったく異なってきます。写真⑧のように，まっすぐ向き合って座る正対した位置どりは「戦闘態勢」を意味します。ボクシングや格闘技，相撲などを思い出してみてください。どれも最初は，相手と真正面から向かっていく姿勢です。

　私自身，就職活動中の面接の際は，面接官の方にお願いし，できる限り⑦のように，斜めの位置にイスの場所を変えさせてもらっていました。自分が緊張しないためでもありますが，面接官の方を緊張させないための精一杯の配慮のつもりでした。真向かいに座るのは，お互い圧迫感を感じますし，ふとしたときに「視線を逃がす」ための視界が上下にしかありません。

　では⑦でも⑧でもなく，真横というのはどうでしょうか。昨今では，マスクで顔を隠して来談するクライアントが増えてきています。その場合と同じく，真横の位置関係の場合も，相手の表情が見えにくくなる点で，得られる非言語の情報量は格段に落ちます。その意味で，真横というのは臨床心理面接には不都合な位置関係といえます。

　相手の姿が見えない位置とは，例えばいきなり相手がナイフで胸を突き刺そうとしてきたら，防ぎようがないような無防備な位置関係でもあります。相手の真横という位置は，車の運転席と助手席と同じように，親しい友人や家族あるいは恋人のような相手には向いていますが，臨床の現場では相手の身体に手が届くほどの距離の近さは，セクシャルな意味でも誤解が生じやすいものです。

　このように考えると，クライアントとの位置関係で最も自然なのは，やはり⑦の斜めの位置関係ではないでしょうか。正対したときほど互いに圧迫感もありませんし，直視せずとも互いの表情はおおよそ確認できます。また，緊張が強い場合にまっすぐ前を向けば，そこが自然に視線を逃がす場所になるのです。

写真⑦

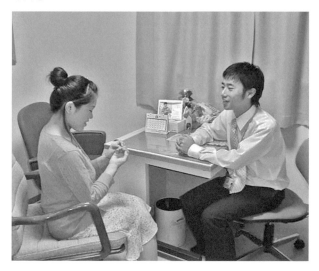

写真⑧

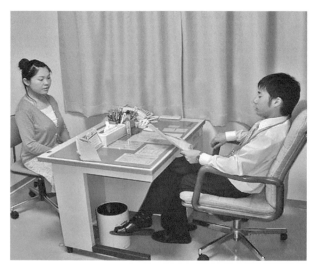

図3-4　写真⑦と⑧，どちらが望ましい接遇か

■3 面接の終わり方

　一般的に，カウンセリングの場面では「もうずいぶん暖かくなってきましたね」とか「今日はいつもと服装の感じが違いますね」などと，何気ない日常会話から始まることが多いといえます。日常のなかでは語りえない，自己の内面を語れる場の環境が整ってくると，それはもう「非日常」的な世界であって，だからこそその段階に移行していく前に「日常」という準備段階が必要とされるわけです。

　そして，最初に「日常⇒非日常」のプロセスがあるのなら，最後には「非日常⇒日常」という作業がかならず必要であり，「日常⇒非日常⇒日常」の3つのステップが揃って初めて，一つのセッションが完結します。

　図3-5の写真⑨は，一般的なサービスの意味の礼節としてドアの開け閉めを，治療者の側が行なうという側面があります。さらに，もう一つの側面として，こちらのほうがより強調されるべき点ですが「治療のふたを閉める」という意味もそこに含まれています。それはクライアン

NG対応集テイク ❷ 「非日常」から「日常」へと戻す作業を怠った場合

　カウンセリング場面という「非日常」から，「日常」へと戻すプロセスが抜け落ちた場合，どのようなことが起こりうるでしょうか。それは，次回の予約のキャンセルという形で表現されることもあります。それだけで収まらない場合，もう二度と来院しないということも十分起こりえます。次に来院するまでの間に，患者さんが自傷行為などに走るケースというのも珍しくありません。もっと極端なケースでは，治療者がクライアントを「非日常」から「日常」へと戻す作業を怠ったことから，そのまま患者さんが自殺してしまったという話も，現実に起きた例として間接的に教わったことがあります。

写真⑨

写真⑩

図3-5　写真⑨と⑩, どちらが望ましい接遇か

トの意識レベルを「非日常」から「日常」へと戻していくことを，具体的な行動として表現することでもあります。

　万が一，「非日常⇒日常」というプロセスが抜け落ちていたらどうなるでしょうか。カウンセリングの場面で，患者さんは日常生活では他人にも自分にも見せない見せられない自分を，治療者に対してまた自分自身に対して見せることになります。

　そのままの状態で日常生活に戻ることは，ある種の軽い催眠にかかった状態で，フラフラと道路に飛び出すのと同じようなものです。そして，家に帰って初めて「心を素っ裸にしたまま，帰ってきてしまった」ということに気づき，羞恥心，罪悪感，悲哀感など，言葉にできない複雑な感情に直面し激しい混乱をきたします。

　以上のように，臨床の場における接遇に関する基本的な考え方は，単なる接客サービスという意味にとどまらず，それが治療行為の一環でもあり，むしろそのことのほうがより重要といえます。これは，どのクライアントが対象であっても根本は同じだと思います。そのうえで，子どもの人生を他人に委ねようとする保護者への対応には，いっそうの配慮が求められて然るべきということが，本章における最も重要なポイントでした。

第4章 保護者のみの初回面接は必須か

第1節 ひとりのクライアントとして保護者を迎え入れる

1 保護者面接とは何か──見立てにおけるメリット

　小児思春期外来では不登校の子どもと出会う前に，保護者との面接を「インテーク面接」（受理面接）として行なう方法があります。保護者をひとりのクライアントとしてまずは迎え入れ，保護者自身の生い立ちや，結婚から出産に至るまでの家族生活史を聴き取るというものです。

　上村（2007）は，保護者との面接の役割が「援助具体化のプロセス」（見立て）と「保護者との関係構築のプロセス」（動機づけ）の2つの軸で展開されていくと述べています。「一般社団法人不登校支援センター」（全国で年間約5千件の相談を受けている民間の不登校支援機関）のように，不登校支援の面談に際して，子どもの来所の事前に親のみと面接を行うという手続きを義務化・標準化している組織もあります（瀬尾, 2013）。

　前者の「見立て」という点については，今から50年も前に岡堂（1967）が，「少なくとも家族生活史を聴取することによって，初回面接を構造化するのが望ましい」「家族生活史とは，児童がまだ生まれていなかった頃も含まれており，なぜなら児童に影響を与えたある出来事は，児童はおろか両親もまだ生まれていなかったかもしれないのである」との言説を残しています。かのフロイトもまた，「事例史を扱うにあたっては，とりわけ患者の家族環境に対して関心をさし向けることになる」（Freud, 1905）との見方を提示しています。

つまり，不登校の当事者である児童のみから聴取された家族生活史はきわめて断片的なものであり，児童および両親・家族を知るには不十分なのです。それゆえ両親や，可能であればほかの家族成員も治療に参加するほうが，児童期のクライアントに対して有用性が高いといえます。

また，保護者面接を事前に行なっている場合，心理士が実際に児童と出会った際に，保護者の情報から形成されたイメージとのギャップが必ずといってよいほど生じるものです。保護者から語られた児童像と心理士がその場で感じる児童像，その差異こそが見立てにおいて決定的に重要な手がかりとなります。それが得られることは，事前に保護者面接を行なう大きなメリットであるといえます。

2 事前保護者面接の試験的導入

それでは，上村が挙げた保護者面接の役割のうち，「動機づけ」という点に関してはどうでしょうか。

2011年以前の私たちは，子どもを中心に面接し，必要に応じて随時親からも話を聞くという初回面接（以下，従来型）を行なっており，児童と保護者との間にも明確な枠を設けていませんでした。

この従来型のやり方では，最初から最後まで保護者が児童に同席するケースや，前半の時間は保護者も同席し後半からは保護者が退出して児童と心理士だけの時間ができるというケース，逆に前半は児童と心理士のみで面接を行ない後半から保護者も同席するケースなど，その場の状況に応じてさまざまな形をとっていました。また，児童が保護者の来室を拒否するケース，および保護者が来室を希望しないケースも少数ながらありました。

事前の保護者面接を行なわない従来型の初回面接では，「援助具体化」（見立て）と「『当事者である児童』との関係構築」（当事者の動機づけ）とが第一に優先されます。しかし，第3章で述べたように，小児思春期外来においては，次回の来院は当事者でなく保護者が決定権を握っているため，子どもだけでなく親の動機づけもきわめて重要となり

ます。したがって「『保護者』との関係構築」（保護者の動機づけ）もまた，同じセッションのなかで行なわなくてはなりません。

　3つの仕事を同時に進めなくてはならない従来型初回面接は，クライアント・治療者ともに多大な時間と労力を要します。また，二者以上の「集団」による場をマネージメントするには，治療者側の高度な技術が必要になります。それらを踏まえると，保護者面接を事前に行なうことは，心理士が集団を扱えるに至るまでの期間限定の手段としても，意義あるものと考えられました。

　そこで，保護者単独の初回面接と従来型の初回面接を比較・検討するために，私たちは2011年から2013年の約2年間，小児思春期外来へ子どもを受診させたいと希望した保護者に対して，事前に親だけで来てもらい保護者面接を行なうという手続きを試みました（中西ら，2014）。

　なお，私が勤務する心療内科クリニックで標準化された，インテーク面接時の Medical History の記録の取り方を図4-1，実例を図4-2に示しておきます。ほかの人がこの記録の部分を読むだけで，クライアントの人物像が具体的に頭に思い描けるようであれば，インテーク面接の質も高いといえます。

3　保護者面接と料金の設定

　小児思春期外来において，2011年から2013年の約2年間，従来的な初回面接ではなく，子どもと出会う前に事前に保護者面接を行なうという方法を取り入れました。保護者面接の導入にあたっては，以下のような手続きを行なっています。

　まず受診に際しては電話予約制をとっており「小児思春期外来への受診を希望される場合，最初に保護者の方にお越しいただき，お困りの内容に関して心理士に相談していただき，そのうえで改めてお子様の予約日時を決定するという手順になっております。なお，最初に保護者の方が受診される場合，50分5,000円の料金がかかりますがよろしいですか？」という同意説明を標準化しました。

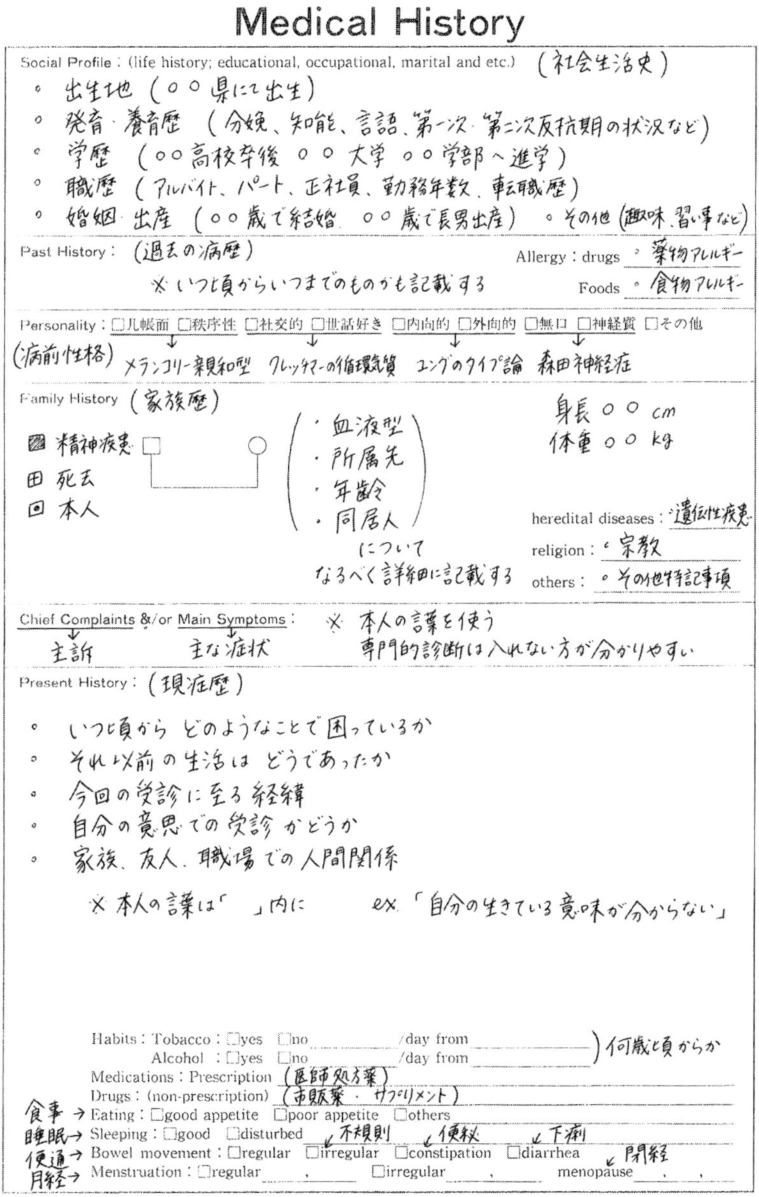

Medical History

Social Profile: (life history; educational, occupational, marital and etc.) （社会生活史）
- 出生地（○○県にて出生）
- 発育・養育歴（分娩、知能、言語、第一次・第二次反抗期の状況など）
- 学歴（○○高校卒後　○○大学　○○学部へ進学）
- 職歴（アルバイト、パート、正社員、勤務年数、転職歴）
- 婚姻　出産（○○歳で結婚　○○歳で長男出産）　その他（趣味、習事など）

Past History: （過去の病歴）　　　　　　　　　　　Allergy : drugs　薬物アレルギー
※いつ頃からいつまでのものかも記載する　　　　　　　　Foods　食物アレルギー

Personality: □几帳面 □秩序性 □社交的 □世話好き □内向的 □外向的 □無口 □神経質 □その他
（病前性格）メランコリー親和型　クレッチマーの循環気質　ユングのタイプ論　森田神経症

Family History （家族歴）
- ☒ 精神疾患 □
- ⊟ 死亡
- ◯ 本人

・血液型
・所属先
・年齢
・同居人
について
なるべく詳細に記載する

身長 ○○ cm
体重 ○○ kg

heredital diseases : 遺伝性疾患
religion : 宗教
others : その他特記事項

Chief Complaints &/or Main Symptoms:　※本人の言葉を使う
主訴　　主な症状　　専門的診断は入れない方が分かりやすい

Present History: （現在歴）
- いつ頃から　どのようなことで困っているか
- それ以前の生活は　どうであったか
- 今回の受診に至る経緯
- 自分の意思での受診かどうか
- 家族、友人、職場での人間関係

※本人の言葉は「」内に　　ex.「自分の生きている意味が分からない」

Habits : Tobacco : □yes □no　　／day from _____ ）何歳頃からか
　　　　 Alcohol : □yes □no　　／day from _____
Medications : Prescription（医師処方薬）
　　Drugs : (non-prescription)（市販薬・サプリメント）
食事 → Eating : □good appetite □poor appetite □others
睡眠 → Sleeping : □good □disturbed　不規則　便秘　下痢
便通 → Bowel movement : □regular □irregular □constipation □diarrhea
月経 → Menstruation : □regular　　　　 □irregular　　　　menopause　閉経

図4-1　インテークの書き方〔© 定塚メンタルクリニック〕

Medical History

Social Profile : (life history; educational, occupational, marital and etc.)

愛知県にて同胞2人の第1子長男として出生。普通分娩で、出生体重は2,500g。幼少期の発育は年齢相応であったが、中学1年生頃より不登校となる。高校は地元の夜間定時制高校へ。卒後 正社員として就職するも半年で退職。以降はアルバイトを転々とするも、長続きせず。
- 小中学校は吹奏楽部　・趣味：ゲーム、アニメ　・習い事：小学校の頃にピアノ

Past History　　　　　　　　　　　　　　　　　　　　　**Allergy** : drugs　市販の頭痛薬
4歳頃より小児喘息。中学頃に寛解　　　　　　　　　　　　　　　　　　 Foods　エビ、カニ

Personality：□几帳面　□秩序性　□社交的　□世話好き　□内向的　□外向的　☑無口　☑神経質　□その他
人見知りしやすい。　こだわりが強い。

Family History

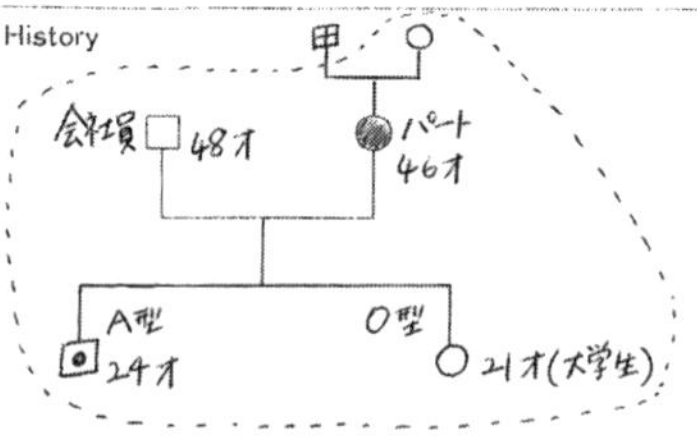

甲　○
会頃 □48才　　パート ●46才
A型　■24才　　O型 24才(大学生)

身長 168cm
体重 55kg

heredital diseases : 母 うつ病
religion :
others : 父は母の家に養子として入った

Chief Complaints &/or Main Symptoms
人とうまく付き合えない、仕事が長続きしない、不眠、昼夜逆転、偏頭痛

Present History :
元来人見知りが強く、物静かな性格であった。中学1年生の時、クラスの友人とトラブルになり、それを機に徐々に欠席が増え、夏休み明け以降は殆ど登校しなくなる。（週一回程度 母親と一緒に夕方先生と会い、宿題を受け取っていた）。中学卒業後、地元の夜間定時制高校へ進学。日中は週4日程、ゲームセンターでのアルバイトに従事。18歳で高校卒業し、地元の自動車部品メーカーに就職。そこでも業務以外の話をするような親しい人間関係は作れず、徐々に孤立し、半年程で親に相談することもなく自主退職。その頃より母親もうつ病となり精神科を受診。以降アルバイトをするも、いずれも長続きせず転々とする。友達付き合いも殆どなく。日中は自室にこもり家族との会話は必要最低限しかない。自分の症状をインターネットで調べ、うつ病ではないかと思い、今回の受診を決めた。

Habits : Tobacco : ☑yes □no　1箱　　/day from　20歳頃から
　　　　Alcohol : □yes ☑no　　　　/day from
Medications : Prescription　なし
　　Drugs : (non-prescription)　サプリメント（ビタミン、カルシウム）
Eating : □good appetite ☑poor appetite □others
Sleeping : □good ☑disturbed　入眠困難　中途覚醒
Bowel movement : □regular ☑irregular □constipation □diarrhea
Menstruation : □regular　　　　　　□irregular　　　　menopause

図4-2　インテーク記録の例〔© 定塚メンタルクリニック〕

私が勤務するクリニックでは通常，医師の診察に対する健康保険請求分以外に，心理士による面接に関して別途料金は請求しておりません。また近隣の市町村では15歳までの子どもに関しては，行政からの補助により本人の医療費の窓口負担は0割でした。しかしながら，保護者との心理面接は，あえて保険診療の枠外という扱いで50分5,000円という時間・料金の設定のもとに実施されました。

　当初，保護者の方のみの面接について，健康保険適用すべきか否か（3割負担の場合，窓口では初診でも2,000円程度の自己負担），クリニック内でも意見が分かれました。実際健康保険を適用したほうが，クリニックへの診療報酬も多くなり（窓口自己負担の3割分の約2,000円と，健康保険への請求7割分が約5,000円で，合算して約7,000円），同時に保護者の金銭的自己負担も少なくなります。それでもあえて，保護者との事前面接は保険外診療の扱いで受ける形となりました。

　誤解を恐れずにいえば，たとえ初回のみであっても経済的・時間的な負担を嫌う保護者の場合，病院へ子どもの問題をいわば「丸投げ」する傾向が強く，途中で治療中断になるケースが多いのです。それゆえ，初回の保護者面接にお金と時間と労力をかけてもらうことは，保護者の方の治療意欲に対するスクリーニングになると考え，保険外診療を条件に加えることになりました。

■4　物理的な枠づけと保障

　受診に際し，初回の問診票には，あえて「保護者の方自身」の名前・生年月日・来院の目的（「いつ頃からどのようなことでお困りですか」という自由記述による問診）を書いてもらうようにしました。当然ながら，カルテも子どもの名前ではなく保護者の名前で作成し，診察券も保護者の名前で書いたものを手渡すことで，「物理的な枠づけ」も行ないました。

　細かな作業の積み重ねですが，「私たちは，あなたを治療に参加するひとりのクライアントとして，受け容れていますよ」というメッセージを

発することで,「不登校の子どもの親」としてではなく,「ひとりの悩める人」として存在してもいい場所であることを保障したかったのです。

第2節　保護者面接と従来型面接の比較

1　事前保護者面接実施グループの概要

子どもを小児思春期外来へ受診させたいと希望された保護者のうち,上記のような手続きにともない,事前の保護者面接を受けることに同意された方は,私の担当ケースで2年間に22例でした。詳細は,以下のようになります。

保護者が訴えた子どもに関する主訴は,不登校17例,発達障害の疑い2例,強迫性障害2例,チック1例と,不登校に関する相談が小児思春期外来全体の8割近くを占めていました。

基本的に2回目からは子どもの治療へと移行していますが,保護者面接のみを2回目以降も継続していったパターンも2例ありました。

2　初回で終結した事例

保護者面接後の経過は図4-3のとおりです。子どもおよび保護者の治療が開始したケースが18例,保護者面接でいったん終結したケースが3例,2回目の予約日に受診がなかったケースが1例でした。保護者との面接で終結となった3事例はいずれも,「家族とよく相談してみます」「子どもを連れてくることができそうなら,また連絡させてもらいます」という一応の納得が得られた終わり方でした。初回で終結した3事例のうちの1事例を,ここで紹介します。

有名私立中学3年生女子（3人姉妹の三女）の母親は,娘に関して「11月頃から学校を休むことが多くなった。朝起こすと泣いてまた布団に潜る」と訴えました。しかし,よくよく聞いてみると「どこへ行って

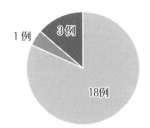

- 子ども及び保護者の治療が開始したケース
- ２回目の予約日に受診がなかったケース
- 初回で終結したケース

図4-3　事前保護者面接後の経過

も，私の子育ての仕方が間違っていたと言われているような気がして……」という母親の自信喪失感も重要なテーマであることが分かりました。

どこへ行っても否定されてきたという点からも分かるように，母親が受けてきた二次的ストレスにともなう自尊感情の低下が深刻でした（このように，医療によってつくられた疾患状態を「医原性疾患」といいます）。逆にいえば，母親が自信を回復することができれば，第二次反抗期の最中にいる娘も，不登校という形ではなく正常な反抗期として，まっすぐ母親にぶつかっていけるように感じられました。

私からは「お母さんの子育てが正しかったからこそ，今娘さんは第二次反抗期を迎えています。でも表現の仕方が，消極的な方向になっているようですね。お母さんがぶつかれる対象になっていないと，娘さんも反抗期のやり場が見つからないのかもしれませんね」と話しました。このようなやりとりの後，この母親は意気揚々として帰っていかれました。長女・次女を含め子ども３人を進学校に送り込んだ，もともとパワーのある母親ですから「とりあえず自力でなんとかやってみます」という言葉どおり，うまくやっていかれたのではないかと思います。

■3　事前保護者面接の結果

子どもと会う前に事前に保護者面接を行なうという方法を，2011年か

ら2013年の約2年間行なった結果，子ども及び保護者の治療が開始されるケースが22例中18例という割合を示しました。残りの4例においては，保護者が納得されたうえで初回の面接で終結したケースが3例であり，2回目の予約日に受診がなかったケースは1例のみであったことから，治療への導入として保護者面接を行なうことの有用性が，ある程度確認されたといってよい結果でした。

では，保護者の付き添いが必要な年齢の子どもに関して，事前に保護者面接を行なうことは，必須条件になるといえるでしょうか。これに関しては，事前に保護者面接を行なわない従来型の初回面接との比較において，再度検討を加える必要があります。

4 従来型面接実施グループの概要

2006年から2010年の約5年間に小児思春期外来へ受診し，従来型の初回面接が行なわれたのは私の担当ケースでは52例でした。このうち，親も子どももまったくの初診というケースは29例でした（52例のうち残りの23例は，もともと親が患者として通院している状態からの受診）。もともと親が通院していたケースでは，「援助具体化のプロセス」（見立て）と「保護者との関係構築のプロセス」（動機づけ）の両面で，かなり深まった状態からのスタートとなります。それゆえ，保護者面接を行なった22例との比較には，親も子どもも初診からスタートした29例を対象としました。

29例の内訳は，不登校19例，発達障害の疑い4例，強迫性障害1例，社会不安障害1例，知的障害1例，ＰＴＳＤ1例，盗癖1例，円形脱毛1例でした。やはり不登校に関する相談が，小児思春期外来全体の7割近くを占めていました。この29例のうち，児童とのインテーク面接後，20例は子どもの治療が開始され，3例は初回で終結しました。2回目の予約日に受診がなかったケースは6例あり，その6例すべてが不登校のケースでした（図4-4）。

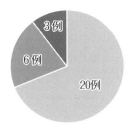

■ 子どもの治療が開始したケース
■ 2回目の予約日に受診がなかったケース
■ 初回で終結したケース

図4-4 従来型初回面接後の経過

■5 従来型面接の結果

　この29例においては，インテーク面接を1時間という限られた時間の枠のなかで行なっていたため，児童に関する主訴・現病歴・生活史の把握がやっとのことでした。家庭における育児・教育方針と，治療方針の擦り合わせや家族生活史の理解なども行なおうとすると，時間の枠は大きく崩れてしまい，年齢的に幼い児童であるほど精神的・肉体的な負担も大きくなり，集中力を維持するのも困難だったと思われます。結果として初回に「家族生活史の聴き取り」は十分に行なえず「保護者との関係構築のプロセス」（動機づけ）は中途半端な形になり，それが29例中6例において2回目の予約日の来院につながらなかった要因の一つとして考えられます。このことは，2011年から保護者面接を導入するきっかけにもなりました。

第3節　保護者面接の有効性と限界

　2006年から2010年までの従来型の初回面接と，2011年から2013年の事前の保護者面接を行なった場合を比較すると，2回目の予約日にキャン

セルがあったのは，前者が29例中6例であり，後者が22例中1例と，顕著な違いが現れました。それゆえ，現在も継続して保護者面接を事前に行なう手続きをとっていると思われるかもしれません。しかし2017年現在，小児・思春期外来のインテーク面接に関してこの方法を必須事項にはしていません。なぜなら，事前の保護者面接を行なうことには，以下のような限界も含まれているからです。

■1　時間のロスの問題

保護者の方が予約の電話をしてきたときというのは，基本的に最も緊急性・重要性が高まった状態です。子ども自身も病院にかかる覚悟ができているか，親もなんとかして子どもを病院に連れていくという状況が整ったときに予約・問い合わせというアクションが発生します。そのときに「まずは保護者の方のみで来てください」となった場合，それ相応の時間のロスが発生します。

タイミングにもよりますが，心療内科における小児の外来診療に関しては，時期にもよりますが，一般的にどの医療機関であっても，電話をいただいてから最低1〜2週間ほどはかかります。長ければ数カ月待ちという場合も珍しくありません。先に保護者の面接があり，さらにその後子どもが受診する日となると，トータルで早くても2〜3週間前後の時間を要することになります。

不登校といっても，学校を休んで1日，2日で病院に駆け込んでくるケースは，まずありません。おおよそではありますが，学校を連続して休んだ場合は1週間ほど経過した段階，1週間の半分以上休むようになった場合はおよそ2週間経過した段階，大体そのあたりが相談の電話がくるまでの平均的な時間です。

不登校のプロセスに関して，一丸と菅野（2007）は，「不登校前駆症状期・不登校初発期・連続的不登校への移行期・閉じこもり期・家庭内適応期・回復初期・社会適応開始期」の7期を提唱しています。最初の電話で予約を受けることができれば，不登校前駆症状期・不登校初発期

にアプローチできたはずが，保護者面接を挟むことで約2週間近く対応が遅れてしまいます。この間に，連続的不登校への移行期，あるいは閉じこもり期に突入してしまえば，当然ながら不登校からの回復にも長い時間を要することになります。

■2　信頼関係の問題

　事前に保護者面接を行なうことで，子どもは親が自分のことについて相談に行ったことを意識的・無意識的に知ることになります。あえて心理士から保護者の方に「今日相談にいらしたことは，お子さんに話さないようにしてください」とはいいません。意図的に隠していても子どもは察知するでしょうし，いずれ分かることを隠しておいた場合，後から明るみになった際には親への信頼は失墜し，また病院に対しては不信感・警戒心が生まれます。

　子どもの立場からすると，「自分のいない場所で親から話を聞いている相手」は，さしあたり自分の味方ではなく，親の味方として認識される可能性が考えられます。「親から何を聞いたのか」「自分を学校に行かせるために，どんな手段を使ってくるのか」といった想像を膨らませているのかもしれません。実際，保護者面接実施後に来院した不登校児の多くに特徴的だったのは，面接の初期段階では何を聞いても「ふつうです」「とくにないです」などと，きちんと自分の言葉で質問に答えようとしないことでした。

■3　当事者意識の問題

　「信頼関係」の問題とも大いに重なる部分ですが，先に親と話し，良好な治療関係がスタートできそうな雰囲気であるほど，当事者である子どもにとっては，親―教師，親―塾の先生などと同じく，「結局，大人同士の話でしょ」という冷めた気持ちになりうる場合があるのです。

　事前の保護者面接実施後に治療開始となった18例では，毎回のセッ

ションで「親との同席を望む子ども」「子どもとの同席を望む親」が多く，また治療者側からの問いかけに対しては「親に答えてもらおうとする子ども」「子どもが答えるまで待てず自分が答えてしまう親」が多く，誰が治療の当事者なのか分からない状況が多く見受けられました。

　一方，従来型の初回面接から治療開始となった20例の子どもに関しては，すべてのケースにおいて親の同席なしで2回目のセッションに入ることができました。ちょうど対照的な関係になりますが，保護者面接を行なったケースでは，治療に対してやや過干渉的な保護者が多く，従来型の初回面接から始まったケースでは，自主尊重的な保護者が多いという特徴が認められました。

4　担当者決定の問題

　狩野（1988）は，家族へのアプローチに関して，家族のなかの誰をいつの段階で，どの時点で，誰と一緒に面接するのか，さらにはひとりの治療者が担当するのか，別々の治療者が担当するのかという部分において，さまざまな方法がありうると指摘しています。

■ 親子並行面接をひとりで担当する場合の注意点

　2006〜2010年の従来型初回面接のみを実施していた期間は，インテーク面接を行なった心理士がそのまま子どもの担当になり，保護者のことは「患者」として扱わなかったため，必要に応じて，子どもを担当する心理士が親との情報共有をするという進め方でした。

　ひとりの心理士が，親子並行で心理面接の担当者となるには，高度な専門性と幅広い経験が必要になります。例えば，私が実際に経験した事例では，このようなことがありました。

　不登校初発期の中学1年生の男子に対して，当初「今なら登校刺激を与えることで登校復帰できそうだ」という実感を，本人を前にしてもつことができました。ところが，この家庭では父親が単身赴任で遠方に出ていました。

中学1年生といっても身体も大きく力も強い男子でしたから，母親ひとりでは朝ベッドから起こし，車に乗せてでも学校に連れていくということが，物理的に難しい状況でした。それでも私は「今動くことが大事ですよ」と，繰り返し伝えました。ひたすら登校刺激を与える方向に目を向けていたせいか，私には母親の状況がみえていませんでした。このときすでに母親は，登校刺激を与える行動を起こすこと自体に，気力がついていかなくなっていたのです。数年にわたる母親ひとり，男の子ひとりという状況に，疲労感・孤独感は限界に達しており，子どもへの登校刺激を求められること自体が大きな負担になっていました。
　「ちょっと疲れました。自分たちでやれるだけのことはやっていくつもりですから，少しカウンセリングに通うのは休憩したいです」という母親の言葉に，ハッとしましたが，気づくのが遅すぎました。もし母親に別の担当者がついていれば，母親の気持ちに焦点を当て支持的にサポートすると同時に，登校刺激に関しては学校の先生や，スクールカウンセラー，あるいは単身赴任中の父親など，何かしら社会的資源を動員して手を打つこともできたかもしれません。

■ 親子に別々の担当者がつく場合の注意点

　では親子を別々の心理士が担当するとします。すると，まず保護者面接を行なった心理士は親と子のどちらの担当につくほうがよいかという問題に直面します。
　これも実際にあった事例ですが，私が保護者面接を行なった後にそのまま親の担当につき，子どもには別の心理士が担当につきました。終結に際して保護者の方に「私がお母さんの担当についてよかったですか？」と尋ねたところ，「結果的には学校に行けたのでよかったのですが，子どもの状況を最初に聞いてもらったからこそ，中西先生が子どもの担当にもついてくれるものだと思ったので最初は不安でした。でもこっちからは言いづらかったですし，子どもの担当の先生にも失礼でしたから……」という話が出ました。
　この話を聞いたとき，保護者面接の段階でこちらから直接「もし担当

が別々になるとしたら，誰がどちらの担当になるとよいか，希望はありますか？」と，事前確認をとっておけばよかったと思いました。

　クライアントの要望する形式が，治療的に有用であるかどうかはまた別の話です。実際に，この事例でもなんとか終結まで無事たどり着いたわけです。しかし，先に要望を聞いておけば「お母さんの要望は分かりました。それでも，あえて私がお母さんの担当につきたいと思います。その理由としては……」と，要望とは異なる形式をとることに対する治療的な意味について，事前に話をしておくことができたはずです。

■ 担当者の振り分け方

　親子をひとりで担当できれば，ある意味では理想的です。しかし，それが力量的にも時間の制約的にも追いつかないことがあります。また，思春期の子どもとその親を同時に扱う場合，あたかも利益の背反する2者の弁護人をひとりで請け負うかのような構図になる可能性があります。このような場合には，親子を別の心理士が担当するほうがよいと考えられるケースも少なくありません。

　個人的には，保護者面接を最初に行なった心理士は，その後も親の担当であるほうがよいと思っています。なぜなら，本章の冒頭で述べたように，保護者面接は保護者をひとりのクライアントとして迎え入れるものです。この時点で，治療的な関わりは開始されています。

　学会などでの事例検討会に行くと，事例提供者の配る資料が「インテーク面接……，＃1……，＃2……」という記載になっているか「インテーク面接……，＃2……，＃3……」となっているかで，その治療者のインテーク面接に対する考え方がよく分かります。

　前者の場合は，インテーク面接はインテーク面接としてひとつの独立したものとし，その次からが1回目の面接であると考えている傾向にあると思います。後者の場合は，インテーク面接を1回目の面接と考え，その次の面接を2回目として位置づけていると考えられます。どちらが望ましいかは，個々の価値観によるかと思いますが，私は後者の考え方をもっています。

インテーク面接を1回目の面接と考えているならば，インテークの後に別の担当者に引き継ぐということは，担当者を「変更」することを意味します。ですから保護者面接の後に，自分が子どもの担当につき，別の心理士が保護者の面接を担当するという形式は，保護者の2回目からの面接を別の担当者に引き継がなければならないという点で，デメリットが大きいと考えます。

それよりも，子どもの担当は別の心理士に任せ，最初に親と会った心理士が親の担当を継続するほうがスムーズであると考えます。保護者面接で，治療契約がきちんとなされており，子どもの特徴や見立てについて共有できていれば，別の心理士が子どもを担当しても，親子ともに治療の土台に乗っていくことは可能であると思われます。

【コラム11】「引き継ぎ」について

この仕事をする前に私は営業職をしていましたが，「引き継ぎ」ということに関して，当時の上司に言われたことがあります。「後任の担当者に引き継いだときに，お客さんが他社に流れていくとしたら，前任である君は三流だ。後任の担当者に引き継いでもお客さんが他社に流れていかなかったら，前任である君は一流だよ」このような話をされたことがありました。

私としては，「担当者が君だから，おたくの会社と取り引きしたのに」と思われるほうが，優れた営業マンであると，それまでは思っていました。しかし当時の上司の話を聞いて，後任者がどのように評価されるのかは，前任者の采配によるところが大きく，後任者が新たな担当として受け容れられなければ，結局は一番迷惑を被るのはお客さんであると思うようになりました。

前任者は，相手が何に困っていて，何を必要としているのか，これまでの経過と現在の状況そして今後に向けての課題を，そつなく次の担当者に適切に引き継ぐことが求められます。それができていれば「信頼していた○○さんが引き継ぎをしてくれたのであれば大丈夫」と，前任者である人間がどれだけクライアントに信頼されていたとしても，とりあえずは後任の担当者と一度は会ってくれるでしょう。それはビジネスの世界でも心理臨床の世界でも同じことだと思います。

もちろん、より高いレベルを目指していくのであれば、クライアントの要望に応じてどのような形式にも対応できるほうがいいでしょう。ただし、先ほども述べたようにクライアントの要望する形式が治療的に有用であるかどうかについては、また別の議論が必要でありその都度検討していくほうが無難であると思われます。

5　心理士同士の関係性の問題

心理士間の葛藤が生じた事例

2人の心理士が親子それぞれを担当するときの注意点としては、ほかに心理士同士の関係性に問題が生じるケースが考えられます。これも実際に経験した事例ですが、私が保護者面接をした後、母親から「自分の担当には子育て経験のある女性の心理士」という希望があったため、母親には子育て経験のある女性の担当者がつき、私は中学2年生の女の子の担当につくことになりました。

私からは、一通りこの親子の母子関係、子どもの不登校の状況、母親自身のパーソナリティについて、自分の知りえる範囲のことを母親担当となった心理士に情報共有しました。ところが、いざ治療が開始すると、なぜか母親担当の心理士の治療の進め方が気になって仕方がないのです。母親の治療の進捗状況を聞くとイライラし、逆にこちらの進捗状況について話した場合は、なぜか伝えたいことが伝わっている感じがしないのです。

こうした現象が起きた理由に関して、スーパーヴァイズを受けるなかで徐々に分かっていったことは、この親子の「母子関係の葛藤」と「治療者同士の転移感情」がパラレルに展開していたということです。つまり、母親から一方的に何か言われることや、母親が自分のことを理解してくれないことにイライラする女児の感情が治療者である私に転移し、母親担当の心理士との間で、女児が日頃母親に対して感じている葛藤が再演されていたのです。さらに私自身のなかにも、「子育て経験のある女性」を希望した母親に対する愉快でない気持ちが根底にあり、それが

母親担当の心理士への陰性感情として表現されていました。

■ 深い共感を得るために

　現場の最前線にいるとき，心理士自身の内面に生じている感情を分析するのは，それが一対一の治療構造であっても，困難な作業であることは周知のことです。まして，複数の人間が介在する治療構造となれば，これはもうカオスの世界です。治療者同士の日常の関係まで悪化し，担当者を変更するなどしなければ，母子並行面接を継続できなくなることすら起こりえます。

　もちろん，「逆転移のモニター」（青木，2011）をうまく行なうことができれば，治療者が同僚の心理士に対して生じる葛藤こそ，まさにクライアントである子どもが日頃母親に対して感じている葛藤として，深い共感を得ることが可能になります。

　しかしながら，親子を別々の心理士が担当する場合は，全体をマネージメントしてくれる上級のスーパーヴァイザーの目がなければ，逆転移のモニターはもちろんのこと，治療の枠を維持していくことさえ非常に困難な道のりとなるでしょう。

■6　まとめ――柔軟性が求められる治療構造

　事前保護者面接および従来型初回面接のメリットとデメリットを，それぞれ表4-1，表4-2にまとめました。両者の先頭のアルファベットは対応しており，2つの治療構造が，有効性と限界に関してちょうど裏表の関係になっていることを表しています。引き出しを増やすことは重要ですが，選択に付随する有効性と限界を理解しておくことは不可欠です。例えば，従来型の初回面接から開始し，要所の場面で保護者面接を実施するというのもひとつの方法です。

　現在私が用いている不登校のケースに対する治療構造は，このように必要な場面で随時保護者との面接の場を設けさせていただく形です。それが初回に来ることもありますし，途中の段階で来ることもあります。

有効性と限界を理解したうえで，ケースに応じて最適と思える治療構造を柔軟に用いていくことは，不登校の子どもと親の援助において，必要とされる原則のひとつであると思われます。

表4-1　事前保護者面接のメリットとデメリット

メリット	デメリット
A．子どもの治療が開始されやすくなる	F．時間のロスの問題が起きやすい
B．家族生活史について十分に聞ける時間が得られる	G．子どもとの信頼関係構築に時間がかかる
C．「援助具体化のプロセス」（見立て）と「保護者との関係構築のプロセス」（動機づけ）を同時に行える	H．子どもが当事者意識を持ちにくい
D．保護者自身もクライアントとして治療に参加できる	I．担当者決定が困難な場合がある
E．子どもの初回来院時に時間的な負担をかけなくて済む	J．親と子で担当が異なる場合に治療者同士の関係維持が難しい

表4-2　従来型の初回面接のメリットとデメリット

メリット	デメリット
F'．来院までの時間のロスが少ない	A'．2回目の受診に結びつきにくいケースがある
G'．子どもとの信頼関係を構築しやすい	B'．インテーク面接で十分な聴き取りの時間が確保できない
H'．子ども自身に治療への当事者意識が芽生えやすい	C'．「援助具体化のプロセス」（見立て）と「保護者との関係構築のプロセス」（動機づけ）を同時に行ないにくい
I'．担当者の決定がスムーズである	D'．子どもの治療に保護者を参加させにくい（動機づけにくい）
J'．治療者同士の関係の問題が起きにくい	E'．初回来院時の子どもの精神的・肉体的な負担が大きくなる

NG対応集 テイク❸ 「セラピスト・センタード（治療者中心）」な言葉にご用心

　以下に紹介するケースは，p.76-77で述べた，事前保護者面接実施後に2回目の予約日に受診がなかった事例の一つです。子どもはほかの病院に通院中で，母親（以下，Kさん）がセカンドオピニオンを求めて来られたケースでした。

　Kさんの訴えは，中学2年生の女児の不登校に加えて，自分自身が子どもに対して「出産時から愛情をもって育てられた自信がない」というものでした。子どもへの対応に自信がなく，「接し方に迷うことが多い」という不安が語られました。

　初回面接で，私からは「お子さんをこちらに転院させるかどうかはご家族で少し相談していただくとして，Kさん自身の不安も強いようですから，そのあたりが落ち着くよう，しばらくカウンセリングを受けに来られてはどうですか」という提案を行ないました。Kさんは，いったん予約して帰られたものの予約当日に現れず，キャンセルの連絡もなくこちらからの連絡もつかないまま，それっきり中断となってしまいました。

　Kさんの2度目の来院がなかった本当の理由は分かりません。しかし，現在の私であれば「Kさん自身は，今までいろいろな場所でお子さんの相談をして来られたなかで，自分自身のこれまでの育った環境などについて，もっと話したいと思ったことはありますか？」という率直な質問の投げかけをしていると思います。

　この言葉がけであれば，Kさんがもし「子どもへの対応の仕方」だけを相談しに来たかったのであれば「私は自分のことを相談に来たのではなく，子どものことについて相談に乗ってもらいたいです」と答えることができます。また「Kさん自身の不安も強いようですから，そのあたりが落ち着くようしばらくカウンセリングを受けに来られてはどうですか」という表現に比べて，「自分自身のこれまでの育った環境などについて，もっと話したいと思ったことはありますか？」という伝え方は，「やはり私がダメなのか」という気持ちを強化するニュアンスは格段に軽減されます。

　後者の伝え方であれば，「そう思うことはありますが，今は子どもへの対応を第一に考えたい」という断り方や「さしあたり今はそういう気持ちはないです」という断り方もできたかもしれません。あるいは「そう思うことはよくありますが，話せる場所や相手がいなくて困っています」という展開になったかもしれません。

以前の対応と，現在自分がとれる対応の決定的な違いは，単純に「分からないことを，相手に素直に聞けるかどうか」に焦点づけられると思います。「自分はこう思うから，こうしたらどうか」ではなく，「こう思ったことはありますか？　あるなら，ここではこのようなお手伝いができます」では，微妙な違いではありますが，言われた側の印象はずいぶん違うのではないでしょうか。

　対応に迷ったときは，治療者が勝手な想像で判断するのではなく，迷っている内容そのものをクライアントに聞いてみる。それができていないとき，私たちはおそらく「クライアント・センタード（来談者中心）」ではなく，「セラピスト・センタード（治療者中心）」に陥っています。中断した事例を振り返ってみると，案外「セラピスト・センタード（治療者中心）」でセラピーが展開しているケースは多いはずです。「クライアント・センタード・アプローチ（来談者中心療法）」は，最初に習う心理療法の原則でありながら，最も習得することが難しいものなのかもしれません。

第5章 父性的存在に求められる役割

第1節 父親の「家庭回帰論」に関する歴史的変遷

1 父親不在で行なわれる治療

　本章では，父親ないし父性的存在と不登校との関係を中心的なテーマとしています。ところで，前章で取り上げた事例の対象は主に不登校当事者の「母親」でした。不登校の子どもに保護者の付き添いがある場合，そのほとんどが母親であるといってよいでしょう。むしろ父親にこそ積極的に治療のなかに加わってもらいたいのですが，なかなかそうは行かないのが現状です。

　これに関して，加藤（2015）は「子どもの不登校という文脈においては，まず母親の養育責任が問われやすい」と述べています。また大倉（1999）は「道徳性の発達研究をみると，母子関係理論に依拠したものが多くある。しかし，父子関係のものがほとんどない」とし，前田ら（2010）は「保護者との連携を行っていく上で，特に父親の役割は母親に比べると見過ごされがちである。これまでに，いくつかの研究で不登校解決における父親の役割の重要性は指摘されているものの，実際の不登校援助において，父親を積極的に介入させることに主眼をおいた研究はそれほど多く報告されていない」としています。

　さらに，日本小児保健学会において，父親のあり方が初めて調査対象とされたのは1981年であり，以降1993年の同学会の総演題の375題のうち「父親」とタイトルにあったものは2題（0.53％）で，10年後の2003年は4題（1.37％），さらにその10年後の2013年は5題（2.08％）と，

同学会において，ここ20年間に父親研究はほとんど増えていないという報告がなされています（窪, 2014）。

■2 日本社会における父親不在

では，いつ頃からどのように，わが国の家庭教育から「父親の不在」が始まったのでしょうか。多くの研究者は，高度経済成長期のなかで，「企業戦士」や「会社人間」と揶揄されるような，男性の長時間労働に従事する生活スタイルが確立されたことを要因として挙げています（e.g., 蛭田, 2000; 村田・金子, 2008; 加藤, 2015）。

これに対して，明治時代からすでに家庭における父親不在は始まっていたという見方もあります。有地（1986）もそのひとりであり，以下のような3つの理由を挙げています。第一に，学校教育の普及により家庭教育の責任が軽減されたこと。第二に，身分制度の崩壊により職業の世襲制がなくなったため，父親が子どもに職業教育を行なう必要性が減ったこと。第三に，軍国主義の要請により父親が戦地におもむいても子どもの教育に困らないよう，母親が家庭教育の主導権を握るようになったことです。

以上のように，約100年前の明治の時代から始まったという説と，約50年前からの高度経済成長期から始まったという節があるようですが，どちらにせよ長きにわたる日本の歴史においてごく最近の出来事といえるようです。

■3 父親の「家庭回帰論」に関する2つの流れ

父親の存在を家庭のなかに戻そうという動きの総称を「父親の家庭回帰論」とよぶことにします。これには，大きく分けて2つの異なる流れが存在します。ひとつは「父性の復権論」に基づくもの，もうひとつは「ケアラー（career）としての父親論」に基づくものです。

欧米においては，まずドイツの精神分析学者ミッチャーリヒが『父親

なき社会』(Mitsherlich, 1963) を著し（1972年に邦訳），それを契機に「当時の社会病理・家族病理としての父権の弱体化・父親機能の喪失が人々の注目を引くようになり，フロイト以来，再び父子関係の持つ重要な意味が問われだした」と，馬場ら (1984) は報告しています。

さらにラム (Lamb, 1976) の著書『父親の役割』は，母子研究や母親研究に焦点化されていた従来の発達心理学に，父親研究の視点を取り入れるきっかけとなったというのが，佐々木 (1996) の見解です。欧米における父親の役割に対する社会的な問いは「父性の復権」へと結びつき，それにともなう「父親の家庭回帰」を求める議論が立ち上がってきたのは1960年代からです。これが第一の「父親の家庭回帰論」です。

その一方で，やはり欧米では1960年代から女性解放運動やフェミニズムの隆盛とともに，ジェンダー（社会文化的な役割としての性）やアンドロジニー（両性具有性）の概念が導入されました。この動きは前者の「父性の復権」の流れとはまったく異なる文脈において，父親が子育てに積極的に参加することを求める運動へと広がっていきました（蛭田，2000）。これが第二の「父親の家庭回帰論」です。

第2節 男女の権力闘争としての父親論

1 対立する「父性復権論」と「ケアラーとしての父親論」

1960年代からの女性解放運動やフェミニズムの隆盛の流れは，わが国においても男女雇用機会均等法，育児休業法，男女共同参画社会基本法などの制度により，女性が社会進出することにともなう夫婦共働きの増えるなかで，古典的な「男は仕事，女は家庭」という性別役割分業から脱却しようとする動きにつながっていきました（村田・金子，2008）。出産前の準備や乳幼児期の世話も含めた，父親への育児参加をうながす考えを，矢澤ら (2003) は「ケアラー (career) としての父親」とよびました。

ところが，欧米から始まった「父性の復権論」と，現代の日本における「ケアラーとしての父親論」とでは，どちらも「父親の家庭回帰」を唱えていながら，向いているベクトルはまったく逆といえます。

「父性の復権論」は「ケアラーとしての父親論」の視座とは異なり，男性が女性を「平等」に扱おうとする考えそのものに懐疑的です。従来的な「男は仕事，女は家庭」という性別役割分業を問題視すること自体が，安定した性別役割秩序を揺るがすという考え方です（村田・金子，2008）。

この「父性の復権論」に対して，大日向（1990）は「そもそも，父権回復論において強さや権威の代表とみなされる封建制度下の父親たちですら，はたして父権といえるものを所持していたかどうか，疑問とされるところである」とし，また天沼（1998）も「私は，基本的には，過去において理想的な『父親』『父権』『父性』のあり方が理念的に提示されたことも，実在したこともなかったと考えている」との批判的検討を加えています。

2 「二人目の母親」化する父親

「ケアラーとしての父親論」は，1999年に厚生省が男性の育児参加を呼びかけるポスターのなかで，「育児をしない男を，父とは呼ばない」という刺激的なキャッチフレーズを作成し，歌手の安室奈美恵さんの長男と，夫（当時）のダンサー SAM さんがモデルに起用されたことで話題となりました（川崎，1999）。

2008年からは育児用品メーカー主催の「スタイリッシュ・パパ・コンテスト」が開催されるなど，2010年頃からの「育メン現象」と相重なって，「ケアラーとしての父親論」はひとつの商業的なキャンペーンの様相を帯びてきました。これに関して，石井（2013）は「育メン」が「育児をする男性」という略語から，「子育てを積極的に楽しむイケテル男性」という価値概念に変化していることの危険性を指摘しています。

また石井に先立って正高も，『二人目の母親になっている日本の男た

ち』（2004）において，父親と母親では育児における役割がそもそも異なっているにもかかわらず，あたかも「二人目の母親」のように育児の手伝いに終始している父親のあり方を疑問視しています。

■3 パターナリズムとフェミニズム

もともとは「子どもの健やかな成長」のために起こった父親の家庭回帰論は，片方は戦前のパターナリズム（相手の利益のためには，本人の意向に関わりなく，生活や行動に干渉し制限を加えるべきであるとする考え方）への回帰願望にとどまり，またもう片方はフェミニズム（男性支配的な文明と社会を批判し，組み替えようとする思想・運動）を新たに掲げただけでした。

そこには，もはや男女の権力闘争しかなく，「子どもの健やかな成長」は「目的」から，互いの主義・主張を声高に叫ぶための「手段」へと朽ちていき，せいぜい商業的コマーシャリズム（営利を第一の目的とする立場）や，政治的プロパガンダ（特定の思想によって個人や集団に影響を与え，その行動を意図した方向へ仕向けようとする宣伝活動）のエサにされるのがオチでした（図5-1）。

そして，これは私的体験の単純な一般化にはなりますが，思春期というのは，「大人の都合」に対してきわめて敏感な時期です。無意識的な感覚を言語化する能力はもっていませんが，身近な大人である親や先生が自分のほうを向いているのか，そうでないかくらいは本能的に嗅ぎ分けられます。

「子どもの健やかな成長」という視点が欠落した父親家庭回帰論に日本社会が終始してきたことは，昨今の子どもたちに起きている問題の複雑化・多様化と，はたして無関係であるといえるでしょうか。

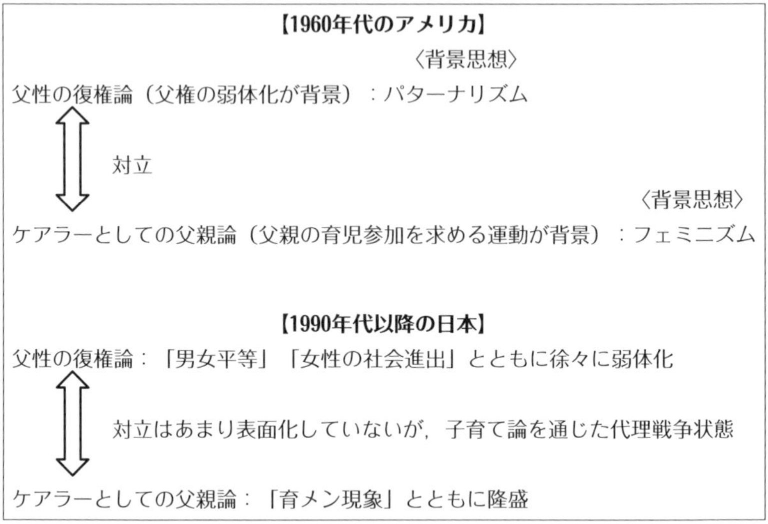

```
┌─────────────────────────────────────────────────────────┐
│              【1960年代のアメリカ】                        │
│                        〈背景思想〉                         │
│  父性の復権論（父権の弱体化が背景）：パターナリズム            │
│     ↕  対立                                              │
│                                        〈背景思想〉         │
│  ケアラーとしての父親論（父親の育児参加を求める運動が背景）：フェミニズム │
│                                                         │
│              【1990年代以降の日本】                        │
│  父性の復権論：「男女平等」「女性の社会進出」とともに徐々に弱体化 │
│     ↕   対立はあまり表面化していないが，子育て論を通じた代理戦争状態 │
│  ケアラーとしての父親論：「育メン現象」とともに隆盛          │
└─────────────────────────────────────────────────────────┘
```

図5-1　父親の「家庭回帰」論の流れ

第3節　父性原理と母性原理

　先に父性という言葉を用いましたが，この父性とはいったい何を意味しているのでしょうか。河合・藤田（1977）によれば，父性原理は「切断すること」また「筋を通す」「原理原則主義」ということに，その特性をもっているとされています。一方，母性原理の特性は「包含すること」また「感じる・つなぐ・結ぶ」「臨機応変主義」というところにあるとされています（表5-1）。

表5-1　父性原理と母性原理の特性

父性原理	切断，筋を通す，原理原則主義
母性原理	包含，感じる・つなぐ・結ぶ，臨機応変主義

■1　母性原理偏重社会への批判

　1970年代に，性差はそれまで一般に考えられていたほど固定的なものでも明確でもなく，時代によって変動が激しく曖昧であることが明らかになりました（原・我妻，1974）。大日向（1990）は，育児における父親・母親の役割のほとんどが社会的に期待されたものであり，生物学的要因すなわち遺伝的要因における母性を絶対視する社会通念の弊害を指摘しています。

　例えば「そもそも子どもを産み，哺乳するという生理的能力の他に，育児に対して性差があるのかどうかについては，実は客観的・実証的な研究の蓄積が乏しいのが現状である」，「育児能力の客観的な検証を行なう必要性に対する認識が育たなかったほどに，母性に対する絶対視が強かったと考えてよいであろう」，「育児に関しては，女性，しかも産みの母親でなければできないことは何か，必ずしも産みの母親ではなくとも他の人でも代われること，あるいは父親や他の多くの人が関わっていくことにより，望ましい育児についていっそうの検討が進められていくことが必要である」というのが，大日向（1990）の主張するところです。

■2　母性原理の肥大化と引きこもり

　これと近い文脈において，窪（2014）は日本社会では母性原理（すなわち「包含すること」）が肥大化しやすいこと，またそれが「引きこもり」の一因にもなっていると述べています。さらに小川（2016）も，互いに依存し合って心理的に自立できていない共依存関係のなかに，母子密着性があると指摘しています。

　母親役割のなかの生得的要因に対する期待が過度に偏重した場合の弊害は，子どもの発達上の問題として「母子共依存」に発展することです。そしてそれは，もうすでに日本社会に深刻な状況を生み出しているというのが，大日向・窪・小川らの主張するところです。

■3 家庭内に求められている父性原理

　河合（1980）は，母性原理・父性原理を担うものは，実母・実父でなくともよいとしています。青年期の心理療法においても，ひとりのセラピストのなかに母性的治療態度と父性的治療態度の両側面が必要であるといわれています（廣瀬，1995）。

　また正高（2002）は「父性と父親は同義ではなく，父性も母性も養育するものの役割の違いをあらわし，母親が父性を発揮することもあれば逆もまた起こり得る。また一人の人物が両方を担当するケースも存在する」と指摘しています。

　しかし，いくら母親が父性を発揮することもあるといっても，やはり生得的に母親は「包含する」機能のほうが，「切断する」機能よりも優位に働く存在です。先に，母子密着性について述べましたが，母子関係においては本質的に切断原理よりも包含原理が優位であるがゆえに，「母子共依存」のような現象が起きやすいといえます。

　それゆえ，次章以降で述べる不登校の子どもに対する登校復帰へのアプローチは，父性原理すなわち「切断すること」「筋を通す」「原理原則主義」，とりわけ「切断すること」を，家庭のなかで親に求める試みであると言い換えられるかもしれません。

第6章 不登校児への治療的関わり

第1節 父性原理を応用した治療法

1 登校復帰へのアプローチに関する研究の概要

　前章では，父性原理すなわち「切断すること」を家庭内に求めることが，不登校児に対する登校復帰アプローチへの鍵となることについて，その背景要因を述べました。本章では，家族との連携，とくに父親ないし父親代わりの保護者との連携が不登校児への治療的関わりにおいて果たす役割の重要性について，実際に行なわれた調査研究をもとに考察を進めたいと思います。

2 対象となった不登校児の臨床像

　私たちは2008年から2014年の間に，勤務している心療内科クリニックにおいて不登校を主訴として来院した子どものうち，主治医の指示のもと心理療法が行なわれた36症例を対象とし，父・母・祖父母をはじめとする保護者との連携の観点から，改善へと向かったケースとそうでなかったケースについて，比較検討を行ないました（中西，2014）。
　対象となった子どもの臨床像には，さまざまなタイプが混在していました。朝の登校時間になると頭痛や腹痛を訴えるというケースもありましたが，登校時間を過ぎて自宅で過ごしている間に身体症状が消失していることから，いずれのケースにおいても身体疾患の診断名はつきませんでした。同じく精神疾患の病名もついていませんでしたが，これは狭

義の意味での心身症・神経症などを包括して，不登校という状態が起きているという理解からです。

また学業成績については，比較的良い子どもから意欲すら乏しい子どもまでさまざまであり，登校に対する態度は「行きたいけど行けない」というアンビバレントな形が多く，夜遊び・喫煙・非行に関わる児童は確認されませんでした。また学校内でいじめに遭っているなどの明確な理由を訴えるケースも存在しませんでした。

3　初診時における対象者の属性

初診時における対象者の属性は，36名のうち小学生・中学生・高校生の割合はほぼ均等で，男女比も18名ずつでした（図6-1）。なお，大学生・20歳以上の学生は今回の対象からは除外しています。

4　対象者の家族構成と不登校との関連

初診時における対象者の家族構成は，父母と同居している一般家庭が19名（53％），両親が離婚・または別居していた家庭（以下，ブローク

NG対応集　テイク❹　診断名へのとらわれ

箇条書きされた特徴のうちいくつかが当てはまれば，ある疾患として扱うという診断方法を症候学的な診断といいます。しかしながら，DSMやICDを代表とする症候学的な診断基準にとらわれると，かえって患者さんの固有性・病理性がみえにくくなります。さらには診断名ありきで関わろうとすると，何より治療者自身が先入観に縛られ，心理療法を行なううえで柔軟な発想ができなくなる可能性があります。それゆえ診断名は，「治療がすべて終結したときにようやく分かる」というくらいに考えておいたほうが，治療を進めるうえで差し支えないと思います。

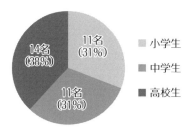

図6-1　初診時における対象者の属性

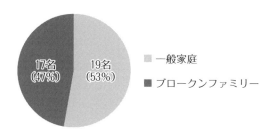

図6-2　初診時における対象者の家族構成

ンファミリー）が17名（47％）とほぼ同数でした（図6-2）（なお，このような分類自体が偏見を助長しかねないことの危険性は十分に考慮する必要はありますが，ここでは分類された群そのものに価値概念を含めていないことをご了解いただければと思います）。

　社会全体において後者の母集団が圧倒的に少数であることを考慮すると，一般家庭に比べてブロークンファミリーのほうが不登校に陥る割合がかなり高いことをこのデータは示しています。もっとも，この点は，臨床の現場にいる専門家にとっては周知のことではないでしょうか。なお，ブロークンファミリーの子ども17名のうち，父親と暮らしていたのは2名で，ほかの15名は母方の親権のもとに生活をしていました。

　つまり，母性原理の「包含する」機能のみが優位に働いているブロークンファミリーでは，子どもは家庭のなかに抱え込まれてしまい，逆に

家庭という場から学校という社会へと子どもを「切り離す」機能としての父性原理が働いていないことが多いのです。

対象となった不登校の子どもの心理的葛藤には，一般家庭・ブロークンファミリーともに父母の関係性の不和が影響していることが，子どもの家族生活史を振り返るなかで示唆されています。一般家庭においても，母性原理の「包含する」と父性原理の「切り離す」がバランスよく機能していないことは，やはり不登校と無関係ではないようです。

5　治療契約上の留意点

家族の方とは治療契約のなかで，表6-1に挙げた3点について協力してもらうことへの約束を交わしました。この「3つの治療契約」の意義については，第3節で詳述しています。

6　「見守り型」と「積極関与型」

続いて，クリニック受診前の時点での，子どもの不登校に対する家庭の方針の違いから，家族のタイプを2つの群（以下，「見守り型」と「積極関与型」）に分けることができました。両者は大まかにいって表6-2のような対照的な特徴を備えていました。

積極関与型の家族は，これまでも子どもが学校に行くようなんらかの働きかけを行なってきたが，どのような介入をどの範囲まで行なっていいのか，家族自身が積極的に相談したいという意思をもって受診してきました。

この2群はそれぞれ同数（18名ずつ）いました。両群の家族構造の内訳は図6-3のようになっていました。

表6-1 3つの治療契約

1) 完全登校できない日でも諦めずに部分登校を目指すこと
2) 体調の悪さを訴えて登校できない場合は病院へ連れてくること
3) 家からどうにも出られない場合であっても規則正しい生活リズムを守ること

表6-2 家族の2タイプ

見守り型	積極関与型
1) 登校刺激を与えていない	1) これまでも登校刺激を与えてきたが，学校からはむしろあまり与えないように指導されており，その結果家庭内の方針がブレ始めている
2) 父親もしくは父親代わりの親が子どもの問題に介入しない，もしくは関わることを避けている	2) 父親もしくは父親代わりの親が，問題解決に対して積極的に家族を主導している
3) 完全登校（1限目からの登校）ができなければその日は諦める	3) 遅刻や早退になろうともなるべく毎日学校に足を運ぶことを後押ししており，明らかな体調不良などでない限り丸一日の完全な欠席扱いにならないよう，どの時間帯からでも学校に連れていく準備が保護者の側にある

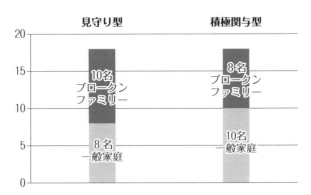

図6-3　2群の事例数及び家族構造の内訳

7　2群における改善率の比較

図6-4は，2つの群における改善率を比較したものです。

見守り型の場合，一般家庭では8名の不登校の子どものうち，通院期間中に登校復帰となったのは1名のみでした。見守り型のブロークンファミリーでは，10名の不登校の子どものうち，通院期間中に登校復帰できたケースはありませんでした。

次に積極関与型の場合，一般家庭では10名すべてが登校復帰となりました。同じく，積極関与型のブロークンファミリーにおいても8名中4名が登校復帰に至りました。登校復帰の割合が高い順に並べてみると，①積極関与型の一般家庭（10名中10名改善，100％）→②積極関与型のブロークンファミリー（8名中4名改善，50％）→③見守り型の一般家庭（8名中1名改善，12.5％）→④見守り型のブロークンファミリー（10名中0名改善，0％）という結果でした。

積極関与型の一般家庭の改善率が最も高く，見守り型のブロークンファミリーの改善率が最も低いことは，調査開始以前から臨床の場で得ていた実感と一致していました。一方で，積極関与型のブロークンファミリーと，見守り型の一般家庭では，ある程度近い改善率ではないかと

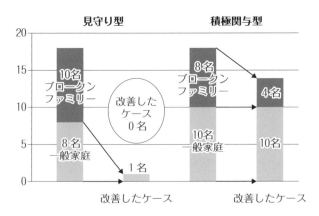

図6-4　2群における改善例の比較

予測していました。ところが実際には，見守り型の一般家庭では8名中1名のみ登校復帰したのに対して，積極関与型のブロークンファミリーでは8名中4名が登校復帰していました。

症例数が少ないことを考慮しても，この結果からは，一般家庭かブロークンファミリーかという「家庭状況」よりも，積極関与型か見守り型かという「教育方針」の違いのほうが，不登校の予後を決定する要因として大きいことが推測されました。

■8　見守り型から積極関与型への転換

「第5章　第3節　3」で，「母性原理・父性原理を担うものは，実母・実父でなくともよい」（河合，1980）「父性と父親は同義ではなく，父性も母性も養育するものの役割の違いをあらわし，母親が父性を発揮することもあれば逆もまた起こり得る。また一人の人物が両方を担当するケースも存在する」（正高，2002）という言説を紹介しました。

理論のみならず現実においても，家庭状況よりも教育方針の違いのほうが重要であるという結果が得られたことは，不登校児を抱える母子家庭・父子家庭，あるいは祖父母家庭にとって希望を見出す根拠になると思います。両親が揃っていないなかで登校復帰した子どもたちの存在は，家庭状況を悲観するのでなく周囲にいる大人が目の前の子どもと一生懸命向き合うことがいかに重要かということを教えてくれました。

逆に父母が揃っている家庭にとっては，両親それぞれが意識的に自分の性役割を果たしていかなければならず，「時間とともに，そのうちどうにかなる」という考え方は幻想でしかないということを警告する結果となりました。すなわち，父性原理・母性原理の両方が機能する土台のある一般家庭であっても，見守り型の家庭の場合は，意識的に積極関与型に転換させ，「切り離す」機能としての父性原理を働かせる必要があるのです。このように，3つの治療契約を軸に家族内の父性原理を強化し，両親の積極的な関与をうながす治療的アプローチを，以降では「**父性原理的アプローチ**」とよぶことにします。

第2節 不登校児に共通する症状

1 思春期における強迫的心性

　前節で取り上げた，登校復帰へのアプローチに関する研究を進めるなかで，不登校児に共通するパターンと特徴，および症状が認められました。本節では現代の不登校児に共通する症状についての考察を行なっていきます。

　元来，強迫症は思春期ときわめて親和性の高い精神病理であるとされています。古くは，ジュッド（Judd, 1965）が強迫症に関して「幼児期から青年期にかけて一般的に見られる症状」であると報告しています。

　またわが国においても，岩崎（1991）が「青年期は特に強迫的な心性が活発化する時期」と述べています。その理由としては「思春期の子どもたちは，親から肉体的にだけでなく，精神的にも分離することを課題とし，自立という重荷を背負っている。そのため，本来的に不安と緊張が強い」（坪内, 1989）という説明が分かりやすいかと思われます。

　強迫症の精神病理の根底には，不安や緊張が内在していますから，思春期に強迫症が起きやすいことは理屈のうえでも確かであるといえます。

【コラム12】　認知行動療法と「断ち切り」

　父性原理の「断ち切り」は，河合・藤田（1977）らの言った父性原理とは，時代背景も発生機序もまったく異なる文脈で，症状を個人から「切り離す」というメカニズムにおいて，偶然にも現代における認知行動療法的アプローチのなかにも用いられています。認知行動療法は，さまざまな精神疾患の治療に用いられていますが，今日ではとくに強迫症の治療効果において高いエビデンスを示しています（石川, 2015）。

■2 強迫的心性と不登校との関連

不登校児が示す共通するパターンとして，以下のような特徴が認められています。

1）学校がある前日の夜はしっかり準備し「明日こそ行こう」と意気込んでいる
2）はりきっていたのに朝なかなか起きられない
3）登校時間が近づくにつれて緊張が強くなるのかトイレから出られない
4）登校時間を過ぎてその日休むことが決まるとほっとする
5）欠席が決まると緊張から解放され二度寝してしまうことがある
6）下校時間が過ぎた後の夜の時間は比較的元気になる
7）土日祝など休日になると元気になる
8）夏休みや冬休みなど長期連休に入るとさらに元気になる

本来学校というのは，会社勤めとは異なり，わが国の義務教育であれば7歳になる年度の4月から15歳になる年度の3月末までと，誰もが法的に期限を設定されています。自分の意思で入ったり辞めたりできないからこそ，日々の生活のなかにルーティン化されていく性質のものです。

それを，「明日こそ行こう」と構える時点で，もうすでに「本当に明日行けるのだろうか」（疑念），「行けなかったらどうしよう」（不安），「休むわけにはいかない」（緊張）という，疑念→不安→緊張のスパイラルから強迫観念に支配されているのです。この「行きたいのに行けない」という強迫心性を，中井・山中（1978）は「登校強迫」とよびました。

例えば，修学旅行など大きな行事の前日に，意気込んで準備し何度も荷物やスケジュールを確認してしまう状況というのは，子どもであれば

よくあることです。この場合，普段の登校のルーティンとは違う行動パターンを要求されるため，その一晩だけは強迫的な確認行動が起きているわけです。ところが不登校の子どもにおいては，あたかも毎日が修学旅行の前日かのごとく，前日に授業のスケジュールをしっかり確認し，教科書などの準備を入念に行なう必要があるわけです。

■3 強迫観念にともなう睡眠リズム障害

大きな行事の前日に「気持ちが高ぶって眠れなかった」という経験は，不登校の子どもに限らず，健康な子ども，あるいは大人であっても一般的によく起こりうる現象です。

【コラム 13】 思春期の心性①――前夜祭的

木村敏のいう ante festum（アンテ・フェストゥム；祭りの前）の概念は，過去よりも未来に対しての意識が強い統合失調症の時間感覚をさしていますが，このことは思春期の心性にも共通するといわれています（木村，2006）。時間に対して常に先取りし，常に前夜祭の気分であることは，例えば誕生日プレゼントをもらった直後に発せられる「来年の誕生日には○○がほしい！」という発言にも象徴されています。

では post festum（ポスト・フェストゥム；祭りの後，「取り返しのつかない」事態にあるという，うつ病の精神病理）は，思春期までの子どもには存在するのでしょうか。これはまったく私的な見解ですが「小児・思春期う

つ病」という疾患名は，おそらく小児・思春期における統合失調症様状態の陰性症状（感情の平板化，思考の貧困，意欲減退，無為自閉）を，症候学的に「うつ病」としてとらえたものだと思われます。

小児・思春期の子どもにおいては，症候学的な観点からの「うつ病」はあっても，精神病理学的には「うつ病」は存在しないというのが私の考えです。その裏づけとして，小児・思春期の「うつ病」とされるケースに対しては，SSRI を主とした抗うつ剤よりも，オランザピン・アリピプラゾールを主とした抗精神病薬のほうが著効であることは，日本ではあまり知られていないことかもしれません。

不登校の子どもの日常においても，寝起きがスムーズに行かないのは，夜の寝つきが良くないことが要因ですが，これは寝る時間に近くなるほど躁的な心性が活発化すると言い換えることもできます。

一方「ハイテンション」の「tension」とは，本来「緊張・不安」を意味する言葉です。強迫症の根底には緊張と不安があります。それゆえ，ここでもまた「明日はちゃんと起きられるだろうか」（疑念），「寝つけなかったらどうしよう」（不安），「早く眠らないといけない」（緊張）という，強迫観念のスパイラルが起きてくるわけです。

こうなると，もはや症候学的に「躁」と「強迫」を区別すること自体あまり意味をなさず，むしろ思春期における一つの精神病理として理解するほうが無難であると思われます。

■4 緊張緩和にともなう日中の傾眠

登校時間を過ぎ，その日学校を休むことが決定されると，極度の緊張状態から開放されたことで，眠気が引き起こされます。そのまま，午前中にもう一度眠ってしまうのも，夜の寝つきが悪いことだけでなく，心身ともに弛緩することが要因として考えられます。

しかし，生理学的にいえば，この時間帯に陽に当たりながらの活動をせずに家の中で寝てしまうことは，脳内で夜に眠るための睡眠ホルモンを蓄える働きを低下させます。また夜眠れないと，日中活発に動くための覚醒ホルモンがつくられにくくなり，結果として昼夜逆転の生活リズムの悪循環に陥ります。

昼夜逆転の生活リズムに陥った場合，早期の回復には服薬治療が求められることがあります。その際，保護者から「薬が強すぎるので断薬したい」「うちの子には効きすぎている」という訴えを受ける場合があります。しかし，たいていの場合，薬を飲んでも飲まなくても，欠席している時点で日中の眠気は強くなるのです。それを治すための服薬治療に対して，不安を覚える保護者には，前述した「緊張と緩和にともなう傾眠」のメカニズムについて，治療者が正しく理解し，説明できる準備を

しておく必要があります。

5 「起立性調節障害」という疾患名の弊害

　昨今のトレンドとして，不登校の子どもの相談に来る親のなかに「うちの子は『起立性調節障害』ではないでしょうか」という内容が増えてきています。現場では，登校復帰に時間がかかると「『起立性調節障害』が不登校の原因だと思うので，それを治す治療をしてもらえませんか」と，親御さんに急かされることもあります。

　学会などでも，近年は「起立性調節障害」（自律神経の乱れから血圧の調整がうまく行なわれず，朝起きられない・めまい・立ちくらみ・全身倦怠感・頭痛・腹痛・食欲低下などの症状が現れるとされる）に関するテーマが増えてきました。

　しかし，この疾患名は，不登校の子どもの心身医学的特徴をあらた

【コラム 14】　子どもの睡眠時間の不確かさ

　臨床の現場で感じる困難さとして，子どもの睡眠時間について尋ねた場合，親からの情報が実際と異なるケースが多いということが挙げられます。

　「お子さんはいつも何時に寝ますか」という聞き方をすると，親が考えるのは「子どもが布団に入ったと思われる時間」を想像するため「22時半には寝かせています」といった答えが返ってきますが，これをそのまま「22時半入眠」ととらえるのは早計です。

　布団に潜っていても，「早く寝なければ」という強迫観念により深夜になっても寝つけていない場合もあれば，「どうせ寝つけないなら」とゲームやスマートフォンで遊んでいる場合もあります。本人に尋ねたところで，親の前では本当のことが言えない場合もあるし，個別に尋ねてもやはり「親に言われたらどうしよう」と思われてしまう場合もあるため，これはなんとも分かりません。とくに医療機関では，実際の睡眠時間によって，薬が処方されるか否かも変わってきますから，保護者の方には時々寝かしつけた後に，本当に眠っているかを確認しに行ってもらう必要があります。

て抽象・反復しているようで，あまり利便性が感じられません。上記の症状はさまざまなストレスにともなう「結果」であり，不登校の「原因」と考えてしまうと，かえって混乱のほうが大きいようにも感じます。個々の症状に焦点づけていくと，根本となる思春期の心の動きはかえってみえにくくなります。そのため，あまり目先の症状にとらわれないほうがよいと思いますし，場合によっては治療者側から保護者へ治療に関するガイダンスを行なう必要があるでしょう。

6　不登校児において選択されやすい心身症状

　概して，不登校の子どもはその強迫的な心性により，前日の夜の入眠段階から過緊張を起こし，それによって朝起きにくいことはすでに述べました。登校時間が近づいてくると，緊張は極度に高まります。その緊張から，登校時間に際しトイレからなかなか出られなくなるケース，あるいは「登校直前になると偏頭痛・微熱が出る」というパターンも認められています。
　「本当に登校できるのだろうか」（疑念），「行けなかったらどうしよう」（不安），「なんとしても行かなくては」（緊張）という思考の悪循環にともなうストレス反応として，子どもの場合は身体言語を用いることが多いといえます。なかでも，周りの大人が一番分かりやすく，理解を示してくれやすい症状が，無意識に選択されます。
　登校時間が近づくと偏頭痛が起きる不登校の子どもの症例では，付き添ってきた母親も頭痛もちでしたが，これは頭痛が遺伝性をもっているというよりも，母親が頭痛の苦しみを誰よりも分かっているがゆえに，子どものストレス反応として偏頭痛が「選択された」という理解のほうが正しいように思います。

第3節　父性原理的アプローチの理論的根拠

1　3つの治療契約

　第2節では，現代の不登校児に共通する症状についての考察を行ないました。本節では，それらに対して「父性原理的アプローチ」が有効であることの理論的根拠について，考察を行なっていきたいと思います。
　「第1節　5」で，治療契約の留意点として，「3つの治療契約」を取り上げました。これを再度確認しておくと，

　　1）「完全登校」できない日でも諦めずに「部分登校」を目指すこと
　　2）体調の悪さを訴えて登校できない場合は病院へ連れてくること
　　3）家からどうにも出られない場合であっても規則正しい生活リズムを守ること

　以上の3点が「父性原理的アプローチ」の根幹となる最も重要な部分でした。この3点の理論的根拠について，以下に詳しく述べていきたいと思います。

2　登校刺激を与えることへの迷い

　3つの治療契約の詳細に入る前に，まずは「**登校刺激**」という概念について確認をしておきます。「登校刺激」とは，親・先生・治療者など周囲の人間が，不登校児に対して登校をうながすための言葉がけや，働きかけを行なうことを指します。
　「登校刺激をどこまで与えていいのか」という疑問は，不登校研究において長く議論されてきた問題です。また不登校児の相談に訪れる予約の電話で，保護者がかならずと言っていいほど口にする「本人が行きた

がらないのに，行かせていいのかどうか」という言葉は，言い換えれば「登校刺激をどこまで与えていいのか」という問いそのものです。

　川島ら（2003）は，登校刺激を与えることについて，低年齢であるほど強い登校刺激が有効に働くと報告しています。山本（2015）の行なった調査においても，「小学生は無理にでも登校させれば，その後は何事もなく登校できるようになる」という結果が報告されています。

　これが，中学生になるとどうでしょうか。川島ら（2003）は，「中学生に登校刺激を与えることに関して，これが嫌悪刺激となり，有効には働かない」と指摘しています。逆の立場から，山本（2015）は，とくに行動・生活に問題があるケースにおいては，中学生であっても，やはり登校刺激を与えることが有効な支援方法になることを実証しています。

　このように，研究者間でも異なる見解が混在しているわけですから，一般家庭のなかではなおさら迷いが生じて当然だと思われます。

　なお，詳細な統計データはないものの，登校刺激の有効性と限界について私の臨床上の実感を述べておきます。基本的には，川島ら（2003）と同様，対象が低年齢であるほど強い登校刺激は有効に働くと考えています。裏を返せば，小学生・中学生・高校生・大学生と年齢が上がっていくにつれて，登校刺激を与えることの有効性は低下する一方で，危険性・侵襲性はかえって増大していくということです。個人差はもちろんありますが，中学生以下すなわち義務教育段階と高校生以上の段階との間に一つ線を引いて考えるのが，もっとも無理のないスタンスであると思われます。そのうえで，個々の自我の発達段階，病理性のレベル，親子関係などを幅広く考慮していくことが求められるでしょう。

■3　3つの治療契約(1)――部分登校を目指す

　3つの治療契約の第一は，「『完全登校』できない日でも諦めずに『部分登校』を目指すこと」でした。部分登校を目指すという点からも分かるように，父性原理的アプローチにおいては，登校刺激を与えることが求められます。そこで問題になるのは，登校刺激の程度ではないかと思

われます。

　思春期心性の特徴に,「オール・オア・ナッシング」ということが挙げられます。つまり,思春期に起きる不登校では,学校に「行くか,行かないか」という両極端の発想以外は浮かびにくいといえます。このような「オール・オア・ナッシング」の心性に,周囲の大人も流されないよう注意が必要です。つまり「今日は休むのか行くのか?」という0か100の登校刺激ではなく,その子どもの段階に合わせて,1から99まで幅をもたせた登校刺激を考えていく必要があります。

　例えば,「行ける授業だけ行くか」「午前中(午後)だけ行ってみるか」「放課後に顔を出すか」「遅刻・早退してもいいから行くか」など時間に幅をもたせるのも一つの方法です。また,場所に対しても「保健室に行くか」「特別教室に行くか」「学校以外の適応指導教室などを利用してみるか」などの幅をもたせることができます。

　要するに,完全な欠席になってしまう日を減らすことが重要なわけですが,「なんだそんなことか」と馬鹿にすることはできません。大人からすれば,上記のような時間・場所に幅をもたせることは,簡単な発想のように思えることかもしれません。しかし,思春期の不登校の子どもにとっては,そのような代替手段があること自体,まったく頭に浮かばないのです。

　それゆえ,「本人が言ってこないのだから無理なのだろう」と諦めることなく,「こういう形ならどうか」というアイデアを,段階的に繰り返し提示していけば,「それくらいならやれるかも」というポイントがどこかで見つかる場合が多いのです。

■4　3つの治療契約(2)——登校の代替として病院受診を求める

　3つの治療契約の第二は,「体調の悪さを訴えて登校できない場合は病院へ連れてくること」でした。どれだけ段階的に部分登校をうながしても,体調の悪さを訴えて学校に行けないことは,現実的に起こりえます。以下に述べることは,その際に求められる対処行動として位置づけ

られます。

　前述したように，オール・オア・ナッシングの発想を抱きやすい思春期の子どもに対して「今日は登校するか休むか，どっちにするの？」という選択肢の与え方をした場合，「休む」という選択をするのは，ある意味当然のことです。この場合，気楽なことと困難なことを二者択一で選ばせる行為そのものに問題があるといえます。

　それよりも，不登校児に対しては「登校できないくらい体調が悪いときは，病院に来てくださいね」という約束をとりつけたほうが，部分登校に向けては効果的です。この約束に関して，児童にとっては学校・病院どちらもそれなりに権威を感じる対象ですから，両方とも行かないという行動はとりにくいものです。これはグレゴリー・ベイトソンの言うダブルバインド・セオリーの応用です。

　病院に行った場合，体調の悪さの訴えが本物かどうか見破られてしまうことは，子ども自身一番よく分かっています。仮に，本当に体調不良であっても，病院で治療薬を出されてしまうと「症状が緩和してしまう」ため，学校に行かなくてもいいという「疾病利得」が得られなくなりますから，病院には極力行きたくはないのです。「病院に行くくらい

【コラム15】　思春期の心性②——オール・オア・ナッシング

　世の中に建前と本音が存在することをうっすらとは感じていても，それを理解しろと言われたら簡単には割り切れないのが思春期の心性です。白と黒の間にある，グレーゾーンを許容する「ごまかし」が苦手であるといえます。対人関係においては，かなり密着するか，まったく縁を切るかの両極端な形で表れやすく，「ほどよい距離感」での付き合いができないことにも特徴づけられます。

　曖昧さに対する不寛容さは，対人関係において「カテゴリーのない間柄」への不安感という形でも表現されます。例えば恋愛においてみられるのは，「友達」か「彼氏・彼女」かという枠へのこだわりです。俗にいう「友達以上恋人未満」という関係に対して，どちらなのかはっきりと定義づけずにはいられない，葛藤状況に耐えられない。これもオール・オア・ナッシングの思春期心性といえます。

なら，部分登校したほうがマシ」と思ってもらえるだけでも，第二の治療契約の効果は十分にあるといえます。

■5　3つの治療契約(3)——欠席しても規則正しい生活を守る

　3つの治療契約の最後は，「家からどうにも出られない場合であっても規則正しい生活リズムを守ること」でした。朝の朝礼から下校時間まで出席する完全登校が難しい場合は，部分登校を目指します。部分登校が難しい場合は，代替手段として病院受診を提案します。さらに学校にも病院にも行けず，家からも出られない場合にはどうしたらよいでしょうか。そこで最低限目指すべきことは，家から出られない場合であってもまずは規則正しい生活を送ることです。

　欠席行動が継続するにつれて，ほとんどの不登校のケースでみられるのは，昼夜逆転の生活に陥ることです。あらかじめ休むことが決まっていると，朝決まった時間に起きなければならない理由がなくなっていきます。徐々に起きる時間は昼に近づいていき，それにつれて夜寝床に入る時間も遅くなっていきます。

　これがエスカレートすると，登校時間から下校時間までの時間帯に布団に潜っていて，夕方から夜にかけて活動するようになっていきます。こうなると部分登校を目指そうにも，それ以前に授業時間帯に外に出て活動することができなくなります。さらには「登校できないくらい体調が悪いときは，病院に来てくださいね」という働きかけにも，「別に体調が悪いわけではないから」「ただ眠いだけだから」などと断る理由づけが可能になります。

　先に，父性原理とは「切断すること」であると述べました。それゆえ，規則正しい生活を守ることは，ダラダラと布団から出ない生活を「断ち切る」ことを意味します。あるいは，登校している子たちと近い時間帯に起きて活動し食事をとることで，平日のなかに混在しかけている休日的な要素を「切り離す」ことをも意味するのです。

第7章 「父性原理的アプローチ」により登校復帰へと結びついた事例

第1節 不登校事例の概要

　本章では，見守り型から積極関与型へと転換させ，「切り離す」機能としての父性原理を働かせる「父性原理的アプローチ」を用いた結果，登校復帰へと結びついた不登校の事例について紹介したいと思います。

　ある小学6年生の男の子（以下，S君）は，クラスのなかでも人気があり，運動会などの学校行事では実行委員としてクラスを引っ張っていくタイプで，2つ下の妹に対しても母親曰く「妹の面倒見がよい子」とのことでした。父親は会社員で，仕事に忙しく追われる生活を送っていました。母親は専業主婦で，家事・育児を楽しめる明るく穏やかな性格でした。両親の仲は良く，周囲からは理想的な家族のようにみられるようでしたが，本人たちにその自覚はなく，それがまた嫌味のない雰囲気をかもし出しているようでした。

　6年生の4月になり「給食がなぜか食べられなくなり，それで学校に行けない日が度々ある」との訴えで，S君は母親とともに来院しました。当初，両親のサポートに関しては，「積極関与型」に属するタイプでした。しかし，献身的な部分がかえって災いしてか，いろいろな場所でいろいろな人に相談するうちに，登校をうながすことに否定的な考えと多く出会い，そのうちに「見守り型」に変わっていったようでした。その結果，徐々に接し方が分からなくなり，知人の紹介を通じて心療内科を訪れたという経緯でした。

第2節　治療契約と治療方針の決定

1　3つの治療契約と非言語的治療法

　治療にあたっては，最初に母親に対して，3つの治療契約　①「完全登校」できない日でも諦めずに「部分登校」を目指すこと，②体調の悪さを訴えて登校できない場合は病院へ連れてくること，③家からどうにも出られない場合であっても規則正しい生活リズムを守ること，以上の3点に同意してもらいました。

　本人にも通院・治療の意思があり，またいくつか提示した遊戯療法のなかから，S君本人が選んだドラム（図7-1）を用いた音楽療法が開始されました。

　また治療者である私には，ドラムによって攻撃性を昇華しようとするS君に対して，母性的な「包み込み」によって関係性を深めつつ，状況をみながら父性的な「断ち切り」としての登校刺激を与えることが求め

【コラム16】　音楽療法におけるドラム

　ドラムを用いた心理療法「セラピューティック・ドラミング」あるいは「リズムセラピー」は，脳内伝達物質セロトニンを活性化することが分かっています。セロトニンの低下は「抑うつ」「パニック」「引きこもり」「依存性」「自傷行為」「キレる」といった症状に共通してみられます。これについては，東邦大学医学部統合生理学の有田秀穂教授が，先進的な実践・研究を行なっています（有田，2003）。

　ところで，音楽療法というと，セラピストが特定の楽器の演奏に慣れ親しんでいる必要があると思われるかもしれません。しかし，上手・下手というのはあまり関係なく，あくまでクライアントと一緒に「楽しめる」「遊べる」ことが大事であると思われます。

図7-1 「ドラミング療法」

られました。

2 家庭内での登校刺激に関する教示

付き添ってくるS君の母親に対しては,「家庭内でも部分登校をうながすための,登校刺激を与えてもよいですよ」「登校できないくらい体調が悪いときは,病院に来てくださいね」という旨を伝えました。

母親は「最初のうちは,私も夫も行くように働きかけて,なんとか自力で行ける日もありました。でも朝になると本人があまりにも辛そうな顔をしているので,夫が『一度学校に相談してみよう』と言って。それで,担任に相談したところ『焦らず様子をみてはどうか』と言われて,それから夫もあまり言わなくなって……」と語りました。

私からは「『本人の意思』ではなく,『ご両親の意思』で連れて行ってみてください。焦らなくてもいいですが,急ぐのは急いでください。子どもさんの一日は大人の何十日分くらいに相当します。一カ月は何十カ月にも相当します」という話をしました。

第3節　母親のみ孤軍奮闘した治療過程

　S君はクリニックに来院した際は，ドラムを楽しく叩く一方で，登校についてはわずかに部分登校できる日があるものの，一進一退の状況が続きました（なお以降では，本事例における保護者の方とのやりとりを主題に据えています。それというのも，不登校臨床においては，やはり保護者との関係こそが治療の成否の鍵を握っているからです）。

　初診より1カ月を経過した5月の連休明け頃より，最初の治療契約における3つの約束，①完全登校できない日でも諦めずに部分登校を目指すこと，②体調の悪さを訴えて登校できない場合は病院へ連れてくること，③家からどうにも出られない場合であっても規則正しい生活リズムを守ること，以上のうちの②・③は実行できるようになっていました。①に関しても，母親が車に乗せて送っていくことで，なんとか部分登校できる日もあったようですが，そこから今一歩踏み出せない状況であり「本人が絶対に行かないと決めた日は，玄関から外に連れ出すことすらできない」という話が母親から語られました。

　夏休みは家族と旅行に行き，地域行事のキャンプにも出かけることができたそうですが，夏休み明け以降は，月曜から金曜の5日間のうち4日学校に行ける日もあれば，1週間まったく行けない日もありました。しかし，私のなかでは，その週に行けたか行けなかったという事実よりも，母親が語るS君への対応のなかに，父親の話題がまったくないことのほうがよほど気になっていました。

　この頃，母親からは「息子が学校に行けなかった日は，私も気分が暗く沈んでしまう」という話が再三出るようになりました。とうとう母親のみ孤軍奮闘しているだけでは，いずれこの治療も行き詰まっていく可能性が示唆されました。

第4節 家族合同面接

1 父親の当事者意識

　治療の行き詰まりを感じた私は，S君の母親に対して「一度お父さんとも話をしてみたいのですが」という申し出をしました。母親からは「一度主人と相談してみます」との前向きな返事をもらいました。無事了解が得られたとのことで，後日両親が来院し，S君本人を含めた家族3人との家族合同面接が行なわれました。
　以下は，面接のやりとりの一部です。

（一通りの挨拶と自己紹介の後に）
私：なんとも，吹っ切れない状況が続いていますかね
父：焦ってはいけないと思うのですが
私：焦ってください。お子さんの人生なのですから
父：なかなか「行け，行け」とは言えない

　私からの「なんとも，吹っ切れない状況が続いていますかね」には，2つの意味が込められていました。「子どもの不登校の状態」と「父親の葛藤」の両方に対しての訴えかけです。心理面接における第一声は，その後の展開を方向づける最重要ファクターであるといえます。ここでは，子どもの不登校に対する父親自身の立ち位置を知るために，あえて主語が曖昧な言葉を投げかけました。
　このような主語を曖昧にした質問は，催眠療法で有名なミルトン・エリクソンが用いた「ミルトン・モデル」の応用です。これに対して父親は「焦ってはいけないと思うのですが」と，自分を主語に語っています。「子どもの不登校の状態」と「父親の葛藤」の両方への訴えかけに対して，この父親は「自分自身の葛藤」を話題の中心に据えたのです。

仮に「そうなのです。なかなか行けたり行けなかったりで」というように，子どもを主語にして話すようであれば，この後の私の態度はまったく違いました。その場合，まずは「お父さん自身にとっての問題でもありますよ」という話から始めなければなりません。しかしS君の父親の場合，私からの抽象的な問いかけに対して，自分の問題として向き合う姿勢が感じられました。それゆえ，以降は一人の人間同士として，こちらも真正面からぶつかっていきます。

NG対応集 テイク 5　心理士にとっての言葉は，外科医にとってのメス

　治療者は子どもが主語で話が進む場合，直接的な表現は避け，慎重に言葉を選んで話さなければなりません。親は子どものことに関して，自分のこと以上に過敏になりますから，たとえ言葉の「あや」であっても，子どもを卑下するような表現として受け取られた場合，穏やかな雰囲気から一変して，烈火のごとく怒りだすこともあります。

　過去に，とあるセッションの第一声として，一緒に通院中の親御さんの前で，不登校の小学生男子に「〇〇君，だいぶ元気そうだね」と声をかけたことがあります。これに対して母親は「カウンセリングを受けに来た子どもに『元気そうだね』と言われてしまうと，『元気なのに，何で学校に行けないのか』『元気なのだから，もう病院には来なくてもいいよ』などと，子どもが責められているように感じます」と，私よりもベテランのスタッフに，憤慨する気持ちを伝えて帰られました。

　それまでの治療関係やその場の文脈など，さまざまな要素が背景にあっての例ですので，言葉の文言だけが問題であったわけではないと思います。しかしこの出来事は，当時の自分にとって「心理士にとっての言葉というのは，外科医にとってのメスと同じで，使い方によっては治療の道具にもなれば，相手を傷つける刃物にもなる」という教訓となりました。

■2 治療者による父親への反抗期的な構え

挑発するつもりはありませんが，結果的に父親が感情的になっても構わないという考えから，私は比較的はっきりと伝えたいことを伝えています。

私：言葉じゃなくて行動がいるのではないですか
父：どこまで強く言っていいのか……
私：親御さんには通わせる義務があります。学校は行って当たり前
父：今は異常だということ？
母：「お腹が痛いのに信じてくれない」って泣き叫んで，引っ張り出す力も私にはなくて
私：お母さんは一生懸命にやっておられる

ここでの私の役割は「あたかも」不登校の息子の立場になったかのように，反抗期的な構えを見せることです。Ｓ君が自分の第二次反抗期を真っ向から表現できず，自らに「自宅謹慎処分」を課す不登校という形でしか表現できていないため，私が代弁する方向で進んでいくのが自然なのです。「お母さんは一生懸命やっておられる」という表現には，暗に「お父さんは何で向き合ってくれないの！」というニュアンスが込められていました。

■3 父親のなかの父性原理を喚起する介入

Ｓ君の父親には，自分の問題として向き合う姿勢が感じられました。そして，私がＳ君の感情を代弁するように，反抗的な感情を直接的な言葉でぶつけても，受け止めてくれる度量がある方だということが分かりました。ここまでの準備が整ったところで，いよいよ問題の核心に踏み込んでいきます。

以下は，S君の父親のなかの「父性原理」を喚起するためのやりとりです。私は平静を装っていますが，内心はものすごく緊張し，終了後は脱力感でしばらく動けなかったことを覚えています。そのような非常に緊迫感のある場面でした。

父：いまひとつ勇気を出して踏み出してくれない。今朝も「行けないの？」と言っても「分からない」と言って。「勇気を出して行こう」と言っても……
私：腫れものに触るのではなく，衝突してください
父：行かせることで，本人が傷ついてしまわないか
私：行けないからこそ，傷ついているのではないでしょうか
母：話し合っても，話し合っても，泣きながらわめきながら……
父：「うるさい」と言って，家から飛び出していきかねない
私：どっちにしても，子どもの将来に責任を負えるのはお父さんお母さんだけです。子どもが大人になるのが遅れているということは，親御さんが親になるのも遅れているということです。言葉だけの付き合いで思春期は終わりません。ねぇ，S君？
S：（沈黙したまま）
私：S君いいですか？　お父さんお母さんを犯罪者にしてはダメだよ。法律だからね。日本で生まれて，日本で暮らすなら規則は守らないといけない。S君自身に義務はなくても，お父さんお母さんには義務があるからね
母：こうなっているのは私たちの……
私：誰のせいとかではなく結果は結果です。過去をみてもしょうがない。お父さんお母さんの方向性は間違っていない。あえていうなら，自信をもって臨めるかどうか
父：分かりました。やってみます

　この話し合いの次の予約日は，母親のみ来院されました。母親からは「前回家族で病院に来た後，主人と一緒に車に押し込んで学校に連れて

いこうとしましたが，泣きじゃくったり，車のロックを外したり。意地でも車から降りようとはしません」という話がありました。

　私からは「ようやくご主人さんも動いてくれましたね。お父さんが本気になっているのが，お子さんも分かったみたいですね。ここからは父親と男児との戦いですよと，ご主人さんにお伝えください」という旨を伝えました。

■4　訪れた転機

　その翌週，再度母親のみ来院され，以下のように興奮気味に話されました。

> 「前回ここに来た日の翌日，本人が泣こうがわめこうがなんとか連れていこうとして，そうしたら，本人はトイレに逃げてカギをかけてしまって。それで，主人が『トイレのカギを壊して』まで連れ出して，学校に連れていったところ，本当に久しぶりに朝から一日学校で過ごして来ました。その後がびっくりです。次の日から，今まで何だったのかと思うくらい，学校に行けるようになりました。お腹の調子への心配もどこへ行ったのか，給食もおかわりしてくるくらいです」

　以降も経過観察として，毎週母親は状況を報告しに来院されましたが，S君は一度も不登校に戻ることなく，小学校を卒業していきました。

第5節　考察

■1　学校を休んだ事実を否認するための防衛

　治療経過のなかで，S君は病院に来てドラムを叩くことに楽しみを見

出し，ある意味では病院に来る日が待ち遠しいような状態になった時期がありました。こういった状況に対して，治療者によっては葛藤を感じることもあるかもしれません。

「せっかく家のなかから外に出すことができたのに，学校よりもセラピーの場の居心地が良くなりすぎて，今度は治療の場からクライアントを切り離すことが難しくなってしまわないか」という不安は，私も過去に経験したことがあります。しかし，私はこのような感情から，セラピーの場におけるクライアントとの遊びに治療者自身の葛藤をもちこむことは，かえって治療を阻害すると考えています。その理由は，以下のとおりです。

先に「行きたいのに行けない」という強迫心性を「登校強迫」とよびました。この「登校強迫」に陥っている場合，学校を休むということは，絶対にやってはいけないことなのです。学校が怖いのではなく，学校に行けなかった自分がどうなるのかが怖い。そのような状況と折り合いをつけるには，「自分のなかで学校をもともと休みだったことにしてしまう」という，「休んだという事実を否認するための防衛」が働いていると考えられます。

つまり，学校を休んで病院に来院し，そこで楽しく過ごしている状況は，S君のなかでは「休みの日に楽しく遊んでいる」と，内的には理解されています。彼のなかで，学校とセラピーの場が同じ次元で天秤にかけられるはずもなく（もちろん病院よりも学校の側に強い権威を感じている），それゆえセラピーの場がどれだけ楽しくても，それは「休み中の出来事」の範疇ですから，治療者は躊躇することなくクライアントとの内的交流を深め，徹底的に楽しく遊んでよいわけです。そこで葛藤してしまい，セラピーの場が楽しくならなければ，クライアントの自尊感情は低下したままであり，学校に向かうためのエネルギーは充足されていきません。

■2 思春期特有の時間感覚

「第6章 第2節 2」で，不登校児が示す共通するパターンについて述べました。S君のケースではまさにすべての項目に該当しましたが，とくに以下の3つの「時間感覚」に関連する部分について考察を加えていきます。

- 下校時間が過ぎた後の夜の時間は比較的元気になる
- 土日祝など休日になると元気になる
- 夏休みや冬休みなど長期連休に入るとさらに元気になる

思春期の子どもの時間感覚においては，成人と比べて今日と明日の連続性があまり意識されず，基本的には一日一日が「その日暮らし」です。一日のなかでさえ，朝から夜までの見通しが利きません。「今日の自分はおそらく明日も同じ自分である」という感覚が乏しいと言い換えることもできます。この「その日暮らし」の時間感覚は，成人とは質的に異なる特徴です。

自我同一性が獲得された成人の場合，今日の段階で明日の自分が想像できます。俗にいう「サザエさん症候群」というものは，社会人のなかに見出されやすく，子どもにはあまり意識されません。このことは，今日と明日という時間の連続性の要因が関係していると考えられます。つまり思春期の子どもの場合，学校に行く当日の朝にならないと本当の意味での「憂うつ」を実感することはないといえます。

もっといえば，平日の放課後であっても，みんなが下校する時間を過ぎてしまえば，その日学校を休んだこともすべてチャラであり，あたかもその日登校していたかのようにオフの開放感に浸れるのは，思春期の子どもならではの割りきりの良さです。大きな括りでは「その日暮らし」であり，さらに一日のなかでも「その時々」で違う自分を生きているのが思春期の子どもです。

S君の症例でも，学校を休んだ日の放課後に友人の家に遊びに行くことに関して，母親から「罰として，遊びに行かせないほうがいいでしょうか？」という質問を受けたことがあります。私からは「罰は罰として理解できて初めて罰になります。たとえ学校を休んだ日であっても，放課後時間に遊びに行くことを制限したところで，本人には『何で？』という感覚以外は残らないのではないでしょうか」という話をしました。

【コラム17】　思春期の心性③──その日暮らし

　不登校の子どものケースでは，夏休みなどの長期の休みに入れば，それまで休んでいた事実は遠い昔のことになり，休み明けのことははるか彼方の話となります。それゆえに，長期連休中は，「今まで学校を休んでいた時期はいったい何だったの？」と思えるくらい，元気に遊びに出かけるパターンは珍しくありません。これこそが「その日暮らし」という思春期心性です。

　この特徴が顕著に現れるのは，夏休み明けの初日です。不登校の子どもにとって，始業式が憂うつの種になるのは，9月1日の朝になってからです。8月31日はあくまで夏休み中であって，翌日の始業式というイベントは，自覚されるストレスとして大きな意味はもちません。

　「明日は行けるよね？」という保護者の方の確認に対して，「行ける」と答えたとしても，それは8月31日時点での感覚です。翌日になって別の答えに変わっていた場合に，「約束を破ったな！」と怒ったところで，本人に約束を破ったという感覚はないのです。「昨日は行くって言ったじゃないか」との押し問答は，思春期の子どものなかでは「そんなこと言ったかな」「言ったような気もするけど，昨日と今日では違うんだよな」と内的に理解されています。つまり，昨日と今日の自分はもう別の人間であり，昨日言った言葉は「自分ではない他人が言った言葉」となんら変わらないのです。

　前日に念押しすることが悪いということではありませんが，言葉に一貫性がないことを責めたところで，本人の時間感覚に一貫性がないため，そこに固執しすぎないほうがよいかもしれません。今日の自分にとって，昨日の自分が他人であるという感覚は，裏を返せば子どもの成長の早さが，大人のそれとは次元が異なることを示しています。

遊びに行かせることが良いか悪いかというより，一日のなかでも起きた出来事は「すぐに遠い過去のことになる」という思春期の心性を，自然に受け止めるほうが混乱は少ないという私なりの判断でした。

■3 介入してよい条件とタイミング

すべての不登校のケースで，このようなアプローチが有効というわけではありません。原則として，対象となる児童が精神病圏に入っていないこと。また，登校に対する態度は「行きたいけど行けない」というアンビバレントな形であり，学校内でいじめに遭っているなどの明確な理由が見当たらないことが前提となります。

親の条件としては，3つの治療契約すなわち，①完全登校できない日でも諦めずに部分登校を目指すこと，②体調の悪さを訴えて登校できない場合は病院へ連れてくること，③家からどうにも出られない場合であっても規則正しい生活リズムを守ること，この3つが守られていることが前提となります。

一方で治療者の条件として，①たとえ相手を怒らせても伝えるべきことは伝える覚悟があること，②怒られたら怒り返すくらい本気で向き合えること，③あたかも感情的になっていながら頭のなかでは冷静な状態を保てること，以上のような条件が揃ったとき，介入してよいタイミングが訪れたと考えてよいと思います。

第6節 本事例のまとめ
── 父性原理的アプローチの有効性と限界

父親には良くも悪くも，「断ち切る」という父性原理が本来的に備わっています。健全な方向でいけば，子どもが家から出ない状況からの「断ち切り」になります。一方，不健全な方向になると，子どもに対する父親役割を「断ち切る」こともできてしまいます。

実のところ，不登校の子どもの治療に関して，父親の同席をお願いしたところで「仕事で忙しい」「俺まで行く必要がない」などと拒否されるケースは少なくありません。この場合，父親が子どもへの育児役割を，不健全な形で「断ち切って」いるといえます。

　父親の治療参加を呼びかけた際に，父親のなかで「呼び出しを受けた」という否定的感情が強い場合や，治療者が自分より若輩者であるにもかかわらず権威を振りかざす存在に映る場合（えてしてその父親自身が権威主義的パーソナリティの持ち主でありますが），治療者が一方的に批難や攻撃対象とされ，「治せないなら専門家失格だよな！」などと，治療者の力量不足を指摘されることもあります。S君の症例に関していえば，父親が比較的寛容で素直な性格であったことが，治療の進行を比較的スムーズにしたものと考えられます。

　一方で，母親は「包み込む」という母性原理が優位に働きます。ですから，子ども自身が笑って過ごせていない現実に対して，その苦しみを自分自身の苦しみ，あるいはそれ以上のものとして背負うことができてしまいます。「第6章　第1節　4」で，ブロークンファミリーでは一般家庭よりも不登校児の割合が多いことに触れました。では，父親不在の家庭ないし，父親が存在していても協力が得られないケースでは，どのようにしたらよいのでしょうか。

　繰り返しになりますが，その場合やはり母親か，もしくは父親代わりの家族，つまりは祖父母か場合によっては兄・姉などに，父性的役割を担ってもらうことが最善だと考えます。治療者は家庭内において父性原理を働かせる存在の，代替的立場にまではなりえません。本来その役割は学校が担っているはずでしたが，現代では先生が生徒宅を訪れ不登校児を学校に連れてくることは，もはや職務領域を超えており逆に問題行動扱いとされてしまいます。つまりここが「父性原理的アプローチ」の限界であると考えられます。

第8章 終わらなかった不登校の事例

本章では,「終わらなかった不登校」の事例を紹介していきます。このケースが特徴的なのは,当事者が義務教育を終えた後も関係が継続されたこと,不登校を主訴とするケースとしては異例ともいえる長期間,10年以上にわたって継続されたケースであることです。父親からの協力がうまく得られなかった点で,前章の事例とは対象的に位置づけられます。

第1節 治療の経過

1 事例の概要

彼(以下,M君)が初めて治療の場を訪れたのは中学3年生の5月でした。聞けば2年生の冬休み明け頃からポツポツ休むようになり,3年生になってからはまったく学校に行けない状態が続いているとのことでした。それでも,ごくたまに母親と一緒に夕方頃学校に出向くことができたときは,担任の先生をはじめ,教頭先生や校長先生も相談に乗ってくれたそうです。M君と母親は夕方の登校の際に「中学校で人生がすべて決まるわけじゃない。人生はいつからでもやり直しが利くからね」という話を毎回してもらうことで「安心感と将来への希望を少しでももてる機会になっている」と面接のなかで語っていました。

■2　当初は治療協力的だった両親

　M君が初めて治療の場を訪れたとき，彼の両親や彼自身も「学校に行けない状態をこのまま続けていいのだろうか」という来談の動機をもっていました。M君の両親は，当初は治療に対して協力的でした。学校を欠席した日でも，朝はなるべく登校に間に合う時間に起こすようにしており，日中もダラダラ過ごすのでなく，自分の昼ご飯は自分で準備させるなどの工夫をしていました。父親も子どもの不登校の初発段階においては，仕事の調整がつく限り，なるべく朝はM君を学校まで連れていくという行動をとっていました。

　治療に対しても，当初母親はM君を連れて毎週病院に通いました。また「今日こそは学校に連れていく」と決めた日は，両親揃って仕事に遅刻してでもかならず連れていくという行動をとる「積極関与型」（第6章第1節参照）の家庭でありました。それゆえ，楽観視していたわけではありませんが，そう遠くない将来M君が登校復帰できるという見通しをもつことができました。

■3　外部に対する接触拒否へとつながった出来事

　高校進学を意識しだした3年生の夏頃から，M君はなんとか学校に行けるようになりたいと考え，母親の付き添いのもと思いきって夏休み明けの始業式に出席しました。そこで校長先生が全校生徒に向けて，以下のような話をされたそうです。「学校を欠席するのと同じように，皆さんのお父さんお母さんが仕事を欠勤していたらどうなると思いますか。皆さんの生活は成り立たないかもしれない。社会というのはそれだけ厳しい。だから皆さんはなるべく休まず学校に来てください」。

　字面だけを追えば，夏休み明けに校長先生が全校生徒の前で話す内容として，とくにかたよったものではないと思います。ところが，この場に来ていたM君にとっては，まったく違うメッセージとして受け止めら

れていたのです。全校集会が終わると，M君は別室で待っていた母親のもとに駆け込んで行きました。「『中学校で人生がすべて決まるわけじゃない。人生はいつからでもやり直しが利くからね』と言ってくれていた校長先生が，みんなの前では『中学校を欠席しているようでは，社会では通用しない』と言っていた。やっぱり自分は駄目な人間だ」と訴え，おろおろと泣きだしてしまったというのです。

この出来事以降，M君は再び学校に行かない生活に戻りました。以前にも増して，頑なに外部との接触を拒否するようになりました。そしてこの後，M君はカウンセリングの場に対しても，「キャンセル」を繰り返すようになっていきました。

4 父親の態度変化

M君が登校復帰できるだろうという当初の見通しは，時間の経過とともに変わっていきました。欠席している時間が長くなるにつれ，家庭の方針はM君が登校するための試みから「無理して学校に行かせようとして本人を傷つけてはいけない」「不登校も子どもの個性の一つとして認めていく」という方向へと変わっていきました。父親は治療のごく初期の段階に数回だけ相談に訪れて以来，姿を現さなくなりました。

結果的にM君は中学2年生から始まった不登校を中学卒業まで続けました。そして，中学校を卒業し高校に進学したものの，高校を中退し，自室に引きこもる生活へと続いていきました。

第2節 本当の意味での共感とは何か

1 相手の心への想像力を働かせること

夏休み明けの全校集会の出来事以降，M君は頑なに学校に行かなくなりました。このことについて「誰が悪い，誰に落ち度がある」という話

を展開していくつもりはありません。また「学校の対応はどうだったのか。校長先生の対応はどうだったのか」などと，学校や先生を評価対象とする自体，単なる「犯人探し」にしかなりません。

　もしかすると，個別面談の際の校長先生は，公の立場のなかでもかなり私的な部分でM君と向き合っていたのかもしれません。あるいは「建前と本音」の区別をしていたのかもしれません。しかしそうであればあるほど，全校集会での校長先生はM君にとっては「別人」のようにみえたでしょう。私は，M君の受けた衝撃と怒り，悔しさや寂しさ，いろいろな感情に想いを馳せました。

　　「あれだけ親身に相談に乗ってくれた校長先生に裏切られた」
　　「結局自分には味方のフリをしていただけなのか」
　　「みんなの前で言ったことが本音で，自分には嘘をついていたのか」

　M君のなかの感情を描写していくと，かなり重大な出来事が起きたと思えるかもしれません。確かにM君にとっては，天変地異が起きたかのごとくショックな体験だったでしょう。ところが，こういった人間関係のすれ違いというのは，私たちの日常においても決して珍しいことではありません。大人になるにつれて，人は「建前と本音」の使い分けがあることを知っていきます。立場によって態度や言葉を変えなければ，かえって不都合が多いことも経験的に知っていきます。

　しかし，思春期の子どもの多くは，「公と私」「対個人と対全体」「建前と本音」を大人が使い分けていることを，うまく理解できません。理屈で説明されても，感情の折り合いがつけられないのです。これもオール・オア・ナッシングの心性によるものです。しかし，その葛藤した記憶は成長するにつれ，忘却されていきます。私たちは，M君が味わったような悔しい出来事の記憶のほとんどをすでに忘れてしまいました。だからこそ，思春期の子どもと向き合うときには，かつての自分の思春期の心がいかに繊細であったか，そのことへの想像力を働かせる必要があるのです。

■2 あらゆる技法が必要なくなるとき

　M君の母親から語られた校長先生の人物像は，きわめて熱心で誠実なイメージでした。救いだったのは，M君の母親が校長先生に対して，批判的な感情を抱いてはいないことでした。この場合，子どもと一緒になって，学校を批判したり，はては公教育全般に対して破壊的願望をもったり，そういったメッセージを社会に対して発信する行為はかえって子どもの心を混乱させます。

　周囲の側が殺気立ってくると，怒っていた当事者がかえって白けるという経験は，一般的にも見受けられる現象ではないでしょうか。人の怒りを，他人が奪う必要はありません。それは親子であっても同じことです。あるいは他者に対してクレームを言う親の姿は，「相手が誰であれ，自己主張していく姿こそ正しい」ものとして，子どもの自我を過度に誇大化させてしまう可能性もあります。それゆえ，親は子どもの傷ついた感情に想像力を働かせる必要はあっても，同化してしまう必要はないのです。

　夏休み明けの全校集会の直後のM君の状態に対して，母親から「私は子どもに，どんな言葉をかけたらいいですか？」と尋ねられました。確かに「○○の場合に，子どもにどのように接していいのか分からない」というような訴えで，カウンセリングの場を訪れる親御さんは少なくありません。子育てに非常に熱心な親御さんであるほど，このような疑問をもつのは当然です。

　だからこそ申し上げたいのは，言葉のかけ方や接し方の例はあくまで参考程度にとどめておき，むしろ自分が親として直感的に正しいと感じる対応をこそ，一番大事にしてほしいのです。言葉のかけ方や接し方の例が一つ二つあったとしても，その家庭で起きている子どもの状況は千差万別ですから，ピッタリ当てはまる場面などそうそうありません。表に出た言葉のかけ方や接し方は，あくまで表現方法の違いでしかないのです。何の表現かといえば，親自身が心の底にもっている感情そのもの

です。

　このような理由により，M君の母親から「私は子どもに，どんな言葉をかけたらいいですか？」と聞かれたとき，私が答えたのは「どんな言葉でもいいです」でした。私には，M君が何に傷つき何に絶望したのか，そのことに対しての母親の深い共感が読みとれました。ここでいう共感とは，相手と同化し同じように怒るのではなく，相手の感情をあたかも自分の感情のごとくともに味わえるという意味です。「本当の意味での共感を得たとき，もはやそこには何の技法も必要ない」。これもやはり私の師が教えてくれた，心理療法における原理原則であります。

第3節　共感する際に注意が必要なこと

1　本当に「不登校に戻った」のか

　全校集会の後，M君は再び殻に閉じこもりました。以前よりも，さらに固いバリアを張り巡らせました。では，傷ついた当事者であるM君に対して，治療者である私はどのようなことを考えたでしょうか。

　もちろん，本人が悪いのか，家族が悪いのかという犯人探しをしたのではありません。一念発起して登校したこの日に，M君が不登校に戻ってしまうことを防ぐ手だてはなかったのか。この問いは，非常に難しい問題を孕んでいます。まずもって「不登校に戻った」という表現自体が適切かどうか，そこから疑ってかかる必要があります。

2　欠席し続ける生活の保証

　昨日も一昨日もその前もずっと欠席していた子が，夏休み明けという一つのタイミングで登校してみた。その日にたまたま，自分にとって都合の悪い事態に直面してしまった。だから翌日からまた欠席する選択をした。このプロセスを「不登校に戻った」とするのは，若干かたよった

見方であると思われます。

　むしろM君にとっては，最初から最後まで一貫して不登校であることが日常でした。不登校という日常のなかのたった一日だけ，登校という非日常的な行動を起こしてみました。しかし，それは日常化されることなく非日常のまま維持されていったのです。ここで問題になるのは，「彼は翌日も登校するつもりで始業式に参加したのか」ということになります。

　極端な話，始業式の当日のM君には，無意識的に自分にとって不快な出来事を探していた可能性も考えられます。なぜなら「欠席することで嫌な出来事に遭わずにすむ生活」を繰り返しているなかで，「出席したらやはり嫌な出来事に遭遇するかどうか」を試してみることは，M君にとって利得があったからです。つまり，何十日と欠席していたなかでたった一日出席したちょうどその日に，嫌な出来事に遭遇することは，「欠席しておいたほうが安全である」ということの再確認になるからです。たとえるなら，ずっとペーパードライバーだった人が，ある日思いきって車に乗ってみた。しかし，その日に限って事故を起こしてしまい，「やっぱり運転しないほうが安全である」と再確認するのと同じ話です。

　無論，欠席行動を続けるのが楽な道だとはいえません。むしろ出席し続けるよりもよほど強いエネルギーを必要とするかもしれません。それでも，彼が不登校であり続けたかったと考えたとすると，そのためには周囲や自分自身を納得させる材料が必要で，その材料が手に入ればこの先ずっと欠席し続ける生活が保証されます。

　久しぶりに登校したその日に嫌な出来事に遭ってしまえば，二日目以降は欠席し続ける生活を再び継続していける。M君の心の底には，無意識的にこのような防衛機制が働いていたという見方もできるのではないでしょうか。

■3　他罰的感情の増大

　もう少し別の角度から検討を加えます。「登校した日に学校で嫌な出来事が起きた」これを裏返せば、「欠席した日は学校で嫌な出来事に遭わずにすんでいた」というもう一つの現実が浮かび上がります。この現実もさらに別の角度からみれば「嫌な出来事に遭わないためには、欠席するという手段があった」という新たな現実が姿を現します。

　始業式以前の「欠席」の日々を置き去りにし、その日一度の「登校」に目を向けすぎてしまうと、彼は悲劇のヒーローになってしまいます。彼が登校した日に出会った人や見聞きした出来事は、すべて彼の登校という行動を阻害した犯人として扱うことが可能になってしまいます。その場合、本来は理屈に合わない不合理な信念を、正当なものとして認めてしまうことになります。すなわち、それは「悪いのは周りの人間」という他罰的感情であり、これを承認してしまうことは、果ては人格の歪みにもつながっていきます。

■4　毎日出席している子どもへの「逆差別」

　「今まで欠席していた子がせっかく出席したのに、その日に限って嫌なことが起きるとはひどい話だ」という同情を向けることは、M君に対して「君は特別な存在だから、周りが君に配慮してくれて当然だよ」と刷り込むのと同じことです。M君に対して「弱者ゆえの特権」を付与することは、一般社会からすでに外れた人間だと認めていることになります。そうなればM君自身も「周囲の人は自分のために配慮してくれて当然」という自己中心的な価値観を形成していくことになります。

　M君という個人に対して**差別的過剰配慮**を行なうことは、同時に毎日出席している子どもたちに対する**逆差別**ともいえます。M君を物語の中心にとらえ「周囲の人はM君が嫌な気持ちにならないために配慮して当然」ということを押しつけることは、かえってM君と周囲の人たちの間

にある溝を広げます。「たまたま出席した日に嫌はことがあった？　それが何だっていうのか。毎日出席している僕たちがどれだけ我慢して過ごしているのか知っているのか」というような反発心を生むことは，M君にとっても望ましいことではないはずです。

NG対応集 テイク 6　差別的過剰配慮

　不登校の子どもがある日出席した際に，偶然嫌な出来事に遭遇したとします。このとき，私たちが最も陥りやすいのは「今まで欠席していた子がせっかく出席したのに，その日に限って嫌なことが起きるとはひどい話だ」という理解の仕方です。

　これは，新聞記事を眺めるような第三者的な立場で行なわれ，自分とはおよそ無関係な出来事に対して，遠い場所から緩やかに同情する行為だといえます。この行為は，さしたる心理的負荷もかからないうえに，同情する自分自身に陶酔できるという点で，日常的な時事ネタとしては最高レベルで重宝されているものです。

　そこに責任が付随しないからこそ，不登校児を擁護することが正義であるという単純な図式に身を委ねることができるのです。ある特定の事実をどのように評価するかということは，出来事と人との「間」によって変わっていくものであり，距離があればあるほど当事者意識は緩和されていくゆえ，同情することは容易なものとなります。

　しかし現実に不登校児の身近な立場にいて，彼の人生に何かしらの責任を負うべき人間が，同じように「今まで欠席していた子がせっかく出席したのに，その日に限って嫌なことが起きるとはひどい話だ」とするのは，実のところ本人に対する「差別的過剰配慮」といえます。

　彼が欠席しようと出席しようと，学校はいつでも学校であり，そこに生きている人と人との間には毎日何かしらのすれ違いが起きています。まして，学校は治療の場ではなく学びの場所であり，先生も生徒も不登校の子に対して専門的な治療的関わりを行なうのは非常に難しく，またそれが必要かどうかも疑問が残るところです。

■5　他者の存在に対する共感的理解

　心理療法の場において，治療者はM君自身の傷つきに対して共感的理解をします。校長先生の態度変化に絶望したというM君に対して，私は情緒的な寄り添いをしていきました。

　この事例の最も難しいところは，私がM君に対して共感的理解をすることにより，今度はM君が「他者の存在に対して共感的理解」をできるまで，途切れることなく治療関係を維持することでした。しかし，他者の存在に対して共感的理解をうながしていくことは，提示の仕方とタイミング次第では「自分の考えが肯定されていない」という感情を生じさせます。このときの私はM君への情緒的な寄り添いよりも，先んじて周囲の気持ちへの理解を求めてしまっていたのかもしれません。

第4節　治療経過における分岐点

■1　「登校できた一日」の余韻には浸れない

　治療経過において，M君が瞬間的に一日だけ学校に行けた日があると，治療者である私はそれを報告してくれた母親と一緒になって，あるいは実の親以上にそのことを喜びました。しかし今思えばその行為は，治療者である自分自身を安心させているのに過ぎませんでした。

　まったく行けない状態からのスタートに対して，週に一回のセッションのなかで「一日だけ行けた日があった」と報告されると，「少しでも上向いているなら何よりだね」というメッセージをM君だけでなく，治療者である自分自身に対しても送っていたわけです。

　しかし，登校復帰できるケースというのは，ある日登校したその日から翌日もその翌日も継続して登校するという経過をたどる場合が大半であり「少しずつ欠席する頻度が減っていく」という経過をたどることは

ほとんどありません。「一日だけ行けた日があった」という報告に対して安堵することよりも，真に必要だったのは，一日行けたその日はその日として承認しつつ，翌日は翌日で新たな一日としてどうすれば行けるのか，そちらに目を向けることでした。

これまでに何度か述べてきましたが，思春期の子どもは基本的に「その日暮らし」ですから，大人の時間感覚とは違い，今日と明日を連続した地続きでとらえることが困難です。「点と点が続いていくなかで，後で気づいたら線になっていた」これが思春期の子どもが生きる現実です。

つまりM君にとっては，一日行けたからといって，次の日に行ける可能性が高まるかというと，それはまた別問題であったのです。例えるなら，サイコロを振って奇数の目が出たら登校する，偶数なら欠席する。これを毎朝繰り返しているようなものです。一週間の間に奇数の目が出た回数が多ければ喜び，出なければ残念がる。そのような繰り返しに治療者が付き合っている間は，M君の登校復帰はなされなくて当然でした。

2　3つの治療契約に対する揺らぎ

治療経過のなかで，M君の欠席している時間が長くなるにつれ，M君の父親は「3つの治療契約」に対して，徐々に距離を置くようになりました。

1) 「完全登校」できない日でも諦めずに「部分登校」を目指すこと
2) 体調の悪さを訴えて登校できない場合は病院へ連れてくること
3) 家からどうにも出られない場合であっても規則正しい生活リズムを守ること

1) の部分登校に関しては，「本人の意思を尊重したほうがいい」となりました。2) 代替手段としての病院受診に対しても，同じく「無理

して連れていってもしょうがない」となり，3）に関しても基本的には母親任せとなりました。気がつけば，父親のM君に対する関わり方は，第1章で取り上げた1989年の「教育白書」のあり方そのものに変わっていたのです。

　父親は早々に治療の場に現れなくなり，また一切の関与をしなくなった一方で，母親はM君が治療の場を度々キャンセルするようになった後も，中学校を卒業し高校に進学した後も，高校を中退し自室に引きこもる生活になった後も，ずっと家族相談という形で定期的に相談の場に訪れました。

3　「包み込む」母性原理のみの家庭に訪れる限界

　M君の20歳の誕生日が近づいた頃に，母親はこのような話をしてくれました。

　　「夫は『この子の人生なのだから，極端な話，将来的に生活保護受給者になろうがどうなろうが，それはこの子の生き方だから，そこは自分たちがどうこうできる部分ではない。それよりも今は自分たちが笑って過ごすことが大事ではないか。息子が自分の意思で歩いたり，話したり，食事する，そんな当たり前にみえることも，当たり前でない人は世の中にはたくさんいる。だから，今の息子のありのままの日常に，一つ一つ感謝と喜びを示すべきじゃないか。それができない子だって，世の中にはたくさんいるのだから』ということを私に話します。私もそれを聞くと少し気が楽になります。でも翌日にはやっぱり葛藤しているのです」

　このように語ったM君の母親に対して，私は「それが自然な気持ちではないでしょうか」と問いかけています。

　　「お腹を痛めて産んだわが子の存在は，お母さん自身の存在の一

部ともいえます。分身と言い換えてもよいくらいです。自分の分身が将来どうなろうと，それは本人の意思だというふうに割り切ることはできないでしょう」

「お母さんが葛藤しなくなったら，お子さんの将来はもうどうなるか本当に分からない。私は，お母さんにだけは今のままでいてほしいと思っています。葛藤しなくなれば楽かもしれない。でも葛藤していてほしい。それがお子さんを社会とつなぐ唯一の細い糸なのです。その分，その葛藤の重責を降ろせる場を，こちらは提供し続けていきます」

このような話をしました。この話の直後，M君の母親は堰(せき)を切ったように泣きだしました。そして，

「極端にいえば寝ている間も含めて，息子のことを考えていない時間はありません。こんな生活が何年も続くと，苦しくて頭がおかしくなりそうです。だから，すがれるものがあれば何にでもすがります。これだけは言ってはいけないと思っていましたが『代われるものなら誰か代わってよ』っていうのが本音の本音です。でもこれを言ったら母親失格なのです」

このように感情を露わにされました。これに対して私からの「日常のなかで笑って過ごしたほうがいいと思うなら，それをやめてくださいとは言いません。ですけど，ここでは無理に笑顔でいる必要はないのです」という言葉に，M君の母親は「ダメですね。本当に私は弱い」と言いながら，もう一度涙を流しました。

第5節 本事例のまとめ
―― 家族を本来あるべき姿に戻す試み

　本事例では，あえて治療における負の側面にも言及して考察を行ないました。その目的は，協力的でない父親や，父親不在の家庭では，いかに不登校の子どもの登校復帰が困難であるかということを伝えるためでした。

　現代は家族の様相も複雑多様化しており，父親が父性原理でもって子どもと向き合えることが当たり前ではなくなっています。もとよりそれが当たり前でなくなったがゆえに，現在のような不登校の問題が生じているともいえます。それゆえ，ここまで述べてきた治療的アプローチを可能な限り短い言葉で表すならば，それは家庭そして家族関係を，本来あるべき姿に戻す試みということになるでしょう。

第9章 登校復帰できなかった後の対応

第1節 前提条件を考える

　本書でこれまで述べてきたのは，登校復帰に向けてのアプローチの理論と実践でした。しかし現実には，それがうまく作用することばかりではありません。最終章では，登校復帰に至らなかった際に必要な，クライアントへの対応について考えていきたいと思います。

1 額面通りに受け止められない主訴

　不登校に関する相談では，どのような主訴があるでしょうか。「学校に行きたいけど行けない」「学校に行こうとすると調子が悪くなる」というのは，当事者である子どもからの訴えです。また保護者からは，「子どもが学校へ行かなくなった」「学校に行きたがらない子どもへの接し方が分からない」という訴えが最初になされます。
　このとき，学校に行くことは「目的」としてクラアイント側に存在します。私たちも「顧客の要望に応える」という仕事の基本スタンスに立てば，「なんとか登校復帰できるようにしなければ」と，つい肩に力が入るところです。短期的にはそれでいいかもしれません。しかし，人の一生は義務教育を終えてからのほうがずっと長いのです。「虫の目，鳥の目」という比喩があるように，私たちは虫の目で，クライアントが学校に所属している期間のことを考えつつ，鳥の目で学校を卒業した後のことを考えておかなければなりません。
　そのためには，主訴を額面どおりに受け止める行為を，あらためる必

要があります。思春期の子どもは虫の目ですので，訴えはおおよそのまま受け止めて大丈夫ですが，親の場合は違います。不登校に限らず，相談の場を訪れる親の主訴は究極のところ一点に絞られます。それは「今のままだと子どもの将来が心配」というシンプルなものです。しかし問題の渦中にいるときは，親の側も虫の目になっており，視野狭窄を起こしています。

　私たち治療者も，相手の訴えに対して一生懸命聴けば聴くほど，現状に対して何ができるかということに集中していきます。それはそれで大事なことです。ただし，そこだけに集中してしまった場合，最後に困るのは結局のところクライアントなのです。

2　登校復帰は目的ではなく手段

　形のない商品を売買する際に，対価を支払ってもらうことで，顧客の要望に対して「これだけのことが実現できますよ」という契約を交わすことを，ここでは「握る」と表現します。

　握る際に重要なのは，完結した際のイメージの共有です。顧客の要望が実現不可能であるのに対して，契約欲しさに「とりあえず」で握ってしまった場合，往々にして「こんな結果じゃ満足できませんけど！」というクレームを受けることになります。相手の期待値が高すぎる場合，それを調整する必要があります。しかし，経験が浅いほどこの期待値調整は苦手であって当たり前です。

　「精一杯努力します！」という威勢の良さが「じゃあ任せてみようかな」という言葉を引き出すのに，さほど時間はかかりません。ところが，顧客は私たちを育てるために存在しているわけではありません。「精一杯努力します！」という言葉は，たった数カ月のうちに「結果を出すって言ったよね？」というクレームとなって，私たちのもとに舞い戻ってきます。

　不登校の相談に来た方に対して，登校復帰を目的として握ることは，ギャンブルかあるいは詐欺でしかありません。「今のままだと子どもの

将来が心配」という親に対して，登校復帰はあくまで手段であって，そこを目的にした関係を築いてはいけません。

「学校に行かせたい」という要望に対して，その確証がもてないことを明示しておきながら，なおかつ「ここで相談をお願いしてみよう」と思ってもらうことは，ある意味では矛盾した作業かもしれません。サービスの提供者が「よくなるのにどのくらい時間がかかるかも，そもそも時間をかければよくなるのかも分からない」と伝えておきながら，顧客には「それでもなんとかここでお願いしたい」と思ってもらうことを「期待値調整」といいますが，これは不登校の親子に対峙するうえでは非常に重要なことです。

期待値調整を行なうことは，小手先のテクニックで相手を騙すこととは似て非なるものです。むしろこの作業を行なわないことこそ，顧客のなかの結果に対する幻想を誇大化させ，また治療過程を窮屈なものにします。その結果，最後に不利益を被るのは，当事者である子どもです。大人同士の身勝手な契約で貴重な時間を無駄にするのは，いつだって子どもなのです。

第2節　終わり方を考える

■1　中断のパターンからみえる実績

試しに，これまでのケース記録を振り返ってみてください。不登校の事例で，クライアントと最後に出会った日は，どのような終わり方だったでしょうか。たまたま運よく登校復帰に結びついたことで，「お世話になりました」と言われたケースはいったん除いておきます。それ以外のケースをみれば，その治療者のこれまでの実績がすぐに分かるはずです。

中断のパターンは大きく分けて2つあると思います。第一は，ある程度のところで見切りをつけられて，いつの間にか来談が途絶えるパター

ンです。第二は，義務教育の終結という時間的なデッドラインに至り，やはり来談が途絶えるパターンです。

■2　いつの間にか途絶えるパターン

クライアントが次回の予約をとって帰りました。しかし，当日になってキャンセルとなり「次回の予約は都合が分かり次第連絡します」と言われるも，そのまま連絡が来ないことは往々にしてあります。これが「いつの間にか来談が途絶えるパターン」の典型例です。

もちろん治療者の技量の問題，クライアント自身のパーソナリティの問題も関わってきますが，ここではいったん治療契約上の問題に焦点を絞っていきます。治療契約が問題となる場合，「精一杯努力します！」という威勢の良さに対して，「じゃあ任せてみようかな」となったが，結局は「期待外れ」であったというケースは少なくないと思われます。この現象は起きるとすれば，面接回数は少なければ1～2回，多くても2桁に満たないうちに起きるはずです。

まだ治療関係が深まっていない段階でのアクションですから，クライアントにとっては比較的傷は浅いことが多く，別の相談の場に頼る余力も残っているはずです。もちろんこのパターンも少ないに越したことはありません。しかしながら，こうしたケースは，治療者が経験を積んでいくうえでどうしても避けては通れないものです。むしろ，問題になるのは次の第二の中断のパターンです。

■3　時間的なデッドラインを迎えるパターン

中学校の卒業という時間的な区切りに際して，治療も中断になるパターンがあります。「いつの間にか中断になるパターン」に比べて，こちらのパターンは相談者にとっての傷はより深いものとなります。なかでも最も避けなければならないのは，治療者が「登校復帰に至らず申し訳ありませんでした」と謝るような事態です。

この状況を引き起こす最初のミステイクは，治療契約の段階ですでに起きています。つまり，登校復帰を「目的」として握ってしまうことです。目に見える形としての登校復帰を目的として治療が開始されると，それが果たされなかったときに，治療者は思考停止に陥り，燃え尽きと敗北感を味わうかもしれません。しかし，正直なところ，それはかなり傲慢な態度といわざるをえません。その傲慢さのために，治療者を頼ってきた親子は，次に頼る相談の場を探すエネルギーさえ枯渇してしまうのです。

　「結果を出せず申し訳ありません」という言葉には，「これ以上通ってもらっても，手の施しようがありません」という暗黙のメッセージを感じ取ることができます。こう言われてしまうと，相談者は「これ以上通っても，迷惑になるだけだろう」と感じるでしょう。なぜ傲慢かといえば，治療者が自身の敗北を認めざるをえないこの構図こそ，登校復帰できなかったクライアントをも敗北者へと追いやっているからです。

　なぜこのような事態が起きてしまうのか。それは，登校復帰に至らなかったことが敗北となるような，前提条件の置き方自体に問題があります。勝ち負けや，成功・失敗が明確に定義できるような治療契約は，心理臨床には不向きです。受験予備校とは違うのです。中学校卒業すなわち義務教育の終了というイベントに際して，治療の終結云々という話題が出てくることは，虫の目どうしの付き合いだったことを告白しています。

　子どもの中学卒業に際して，以下のようなやりとりを保護者の方としたことがあります。

母：今日は卒業式で，卒業証書だけは本人が自分でもらってくることができました
私：そうでしたか
母：結局学校に行けないままで……。これからどうしたらいいでしょうか
私：どうしたらというと？

母：いえ，このまま相談に通い続けてもいいのかと……
私：逆になぜ通い続けてはいけないんですか
母：え？　だって，今まで相談に乗ってもらってきたのに何も結果が出せなくて……
私：それはすでに過去のことで，私はもう次のステージでの○○君の生活のことを考え始めていますが
母：あ，そうでしたか。すいません，何でもないです
私：確かに一緒に登校復帰を目指してはきましたが，行けても行けなくても○○君の人生はこれからも続いていきます。その結果によってこれまでカウンセリングのなかで積み上げてきた関係をどうこう変える必要性を，私は感じません。お母様も義務教育終了で子育てが終わったとは思っていらっしゃらないでしょう。大変なのはこれからです。今，治療を中断することのメリットが私には想像できません
母：ありがとうございます。お恥ずかしい限りですが，これからも通わせてください
私：とんでもないです。こちらこそよろしくお願いします。恥ずかしいという部分がよく理解できませんが，まあそれはそれでいいでしょう
母：だってもう何年も通っているのに。こんな患者ってほかにいます？
私：いなかったらどうなるのですか？　まぁたくさんいるので安心してください

　この母親は，子どもの登校復帰のためにあの手この手を尽くしてきた方であり，その結果，燃え尽き感・敗北感・恥の念を強く抱いていました。それゆえ，「自分たちが身を引くのが筋ではないか」「このまま続けて通うなんて図々しくてとても言えない」という気持ちを秘めていたのです。それがよく伝わってきたため，私はあえてとぼけたような応答をすることで，この母親にこれ以上恥の念を抱かせないように配慮しています。

どうでしょう。この場面で「結果を出せず申し訳ありません」と治療者側が口にすることがいかに無責任なことであるのかについて，これ以上の説明は必要ないでしょう。

第3節　生き方について考える

　本書ではこれまで，父性原理的な「断ち切り」による不登校児へのアプローチの重要性について述べてきました。親の対処行動によって，登校復帰が可能であるという話を裏返せば，不登校という状況を生むのは「家庭での養育の仕方が原因」というふうにとらえることができてしまうかもしれません。

　しかし，私はこれについて「逆も然り」という考えには懐疑的です。単純な話，「医者が私のケガを治した」からといって，「私がケガをしたのは医者のせいだ」と考える人はいないでしょう。それと同じことで，「親のおかげで自分は登校復帰することができた」からといって「自分が学校に行けなかったのは親のせいだ」と不登校である当事者が考えることは，理屈に合わないのです。しかし現実にはそこに固着して，義務教育終了後も過去に執着しているケースというのは少なくありません。

　本節では，いよいよ治療者に残された最後の仕事として，不登校の当事者にとっての「過去」と「現在」の因果関係を，「切り離す」作業について考えていきます。

1 赤ん坊にみられる生まれもった性質

　私は決して運命論者ではありませんが，人間をある方向に引き寄せていく引力のようなものは存在すると考えています。それは外部にあるというよりも，むしろ自分の内側，すなわち心のなかに自分自身をある方向に近づけようとするものが存在し，それは後天的につくられたものもあれば，人間が生まれたときからすでに備わっていたものもあるように

思います。

　赤ん坊を観察すると，身近にいる大人の真似をしていることが分かります。この「真似をする」という行動は，自発的・能動的な行為であり，誰かに強制されたものではありません。赤ん坊は白紙の存在であるという説は，近代西洋哲学のなかで古くはジョン・ロックまでさかのぼりますが，現代では古典的な考え方として懐疑的に理解されているといえます。

　そもそも，赤ん坊が「真似をするという行動」をとっているとした場合，そこには「真似をしない行動」もかならずあるわけです。真似をしない行動もあるからこそ，比較対象として真似をしているという行動が際立ってみえるのです。

　産まれて間もない赤ん坊に，「これを真似したほうがいい」「これは真似しなくていい」と教え込むことは困難です。それにもかかわらず，赤ん坊が真似するものと真似しないものを無意識に選択しているということは，やはり生まれもった素因・性質のようなものの存在を認めないわけにはいきません。

2　自らの意思を決める意思

　運命分析学の祖，ゾンディ（1973）は「人間は祖先が満たせなかった欲求に基づいて，友人選択・職業選択・婚姻選択などあらゆる人生の選択を行なう存在である」という言葉を残しています。これが，ゾンディの運命分析の基本的な考え方です。産まれて間もない赤ん坊ですら，選択的に何かを行なっているということは，ゾンディのいうように，人間には産まれる前から何かしらの欲求が備わっていることを仮定できるのではないでしょうか。

　人を特定の方向に結びつけようとする引力，それが祖先の満たせなかった欲求に基づくものかどうかは分かりません。もしそれによって産まれた当初あるいはそれ以前から人生が決まっているならば，そこには虚無感以外残りません。

そうではなく，人は自らの意思で人生を選択しているつもりでも，そこには「自らの意思を決める意思」を想定できるのではないかという話です。そして人を特定の方向へと導く引力は，そこから離れるための行動を何度繰り返しても，すぐに元に戻そうとする力が働くのです。

■3 兄弟姉妹が同時に不登校にならない理由

　不登校の子を持つある母親は「同じように兄弟ふたり育ててきたのに，なぜあの子だけが，というのが今でも不思議でしょうがない」と話されました。
　もちろん生まれた順番が違えば，育てられ方も多少は異なると思います。また，兄弟姉妹のなかで一人が弱っていると，残ったもう一人はそれを補おうとする傾向にあるというのは，一般的にも理解しやすい現象です。しかしこの母親の語った疑問のとおり，育児について一生懸命に考えている家庭であればあるほど，根本的な考え方は一貫したものであるはずです。それなのに，同じ家庭で育った子どもの生き方が，大きく異なるケースが起きるのはなぜでしょう。
　そこにはやはり，人生のすべてを家庭環境に原因帰属することは不可能であり，少なからず個人における生まれもった素因・性質のようなものの関与を考えざるをえないのです。
　実のところ，同じ家庭で育った兄弟姉妹のなかで複数の子どもが不登校を経験するケースは臨床的に非常に珍しいのです。少なくとも私は，兄弟姉妹が同時期に不登校であったというケースには，これまで一度も出会ったことがありません。

■4 「あのときこうしていれば」という幻想

　「あのときこうしていたら，今頃は違った人生だった」というクライアントの語り口調は，心理臨床の現場にいれば一度や二度耳にしたことがあるのではないでしょうか。この類の「もし○○だったら」という前

提で，患者が現在を否定的にとらえている場合，その「○○」という出来事や選択が異なっていたとしたら，否定的な現在の状況は劇的に違うものになっていたでしょうか。ある時点においていくつかの選択肢からどれを選ぶかによって，行き着く場所はまったく違うものになっていくのでしょうか。

結論をいうなら，「あのときこうしていたら，今頃は違った人生だった」という信念に対しては，「そのとき違う選択をしていても，今もさほど変わらない人生だった」ということを認められたほうが，その人の人生は前に進んでいきます。しかしながら，そこに固着している人に対しては，直接的な表現でそのことを伝えようとしても，かえって意固地になることを強化するだけです。

自分の人生を紐づけているある一点の出来事に対しては，本人が自分の意思で，「この紐はそろそろ切り離してもいいかな」と思えるまで，たとえ長い年月を要しても，辛抱強く付き合っていかなくてはなりません。そのためには，やはり不登校のまま義務教育を終えたとしても，私たち治療者とクライアントの関係を「切らないまま」続けていくことが重要であると思われます。

【コラム18】 映画『orange』のなかに見出せる心理療法のプロセス

『orange』という映画作品をご存知でしょうか。高校生の主人公・菜穂は，ある日10年後の自分からの手紙を受け取り，そこには「転校生の翔が，自ら死んでしまう未来を変えてほしいという」メッセージが綴られていました。翔を孤独にさせないよう分岐点となる出来事の度に，菜穂とその友人たちは手紙のなかでの現実とは異なる選択を繰り返します。

「○月○日，その日私は翔を一人にしてしまいましたが，その日だけは絶対に翔を一人にしないでください」と書かれた日は，放課後も翔が家まで帰るのに寄りそう。未来からの手紙のとおりに，菜穂は行動を変えていきます。

その甲斐もあり，一時的には翔が死んでしまう未来とは違う現実になっていきます。ところが，すぐにまた翔にとって心引き裂かれるような新たな出来事が起きてしまい，元々たどるはず

だった道へと再び翔は引き戻されてしまうのです。何度も何度も、周りにいる人間が未来の手紙にある分岐点となる時点での行動を変えても、結局は同じ方向に戻ってしまう。

そもそも、未来からの手紙というのは、主人公・菜穂が「あのとき私たちが別の行動をとっていたら、翔を救えたかもしれない」という仮説によって成り立っています。しかし、他人からは「あのときが分岐点」と思える出来事であっても、実は翔本人にとっては、日々起きているあらゆる現実のなかのたった一場面に過ぎません。

ある瞬間だけ別の行動を選択するよう周囲が働きかけたとしても、彼の日常のなかにはさらに無数の意思決定の瞬間があるのです。ある地点で右に曲がったはずのところを、左に曲がらせたとしても、彼のもつ「死への誘惑」は、次の交差点で右へ、また次の交差点で右へ曲がるように選択されていきます。結果的に最初の交差点で右に曲がったのとまったく同じ道には出ないにせよ、本来向かうはずだった方向と同じ方向の道を再び歩きだすようになってしまうのです。

しかし、この映画の素晴らしいところは、右へ右へと何度も方向を修正してしまう翔の無意識の人生選択に対して、菜穂と仲間たちは諦めることなく何度もその方向に行かないように働きかけ続けるのです。

その「積み重ね」が実り、いちおう未来の手紙に記されていた「翔が死ぬ日」は、寸前のところで回避する結果を生みます。映画のストーリーに続きがあるとしたら、この先また翔は死を選ぶ道に方向修正されてしまうかもしれません。けれども、周囲の働きかけの頻度と想いの積み重ねにより、彼の日常の意思決定にもわずかばかりの変化が現れ、本来はその日死ぬはずだった現実を書き換えることができたのです。

この映画の中で描かれている「人は簡単には変わらない」という普遍性と、そのことへの抗いのプロセスは、実は心理療法のなかで行なわれていることと、まったく同じ営みであるといえるのではないでしょうか。

おわりに

　心理臨床の道を志した当初，不登校という問題には特別な関心をもってはいませんでした。それでもこうして執筆することになったのはなぜだろうかと自らに問いますと，やはりそこには思春期に対する特別な思い入れがあったからだと思います。思春期という存在はそれ自体が魅力的であり，いわば自分はそれに取り憑かれている状態なのです。

　そろそろいい加減に大人にならなければ，自分自身のなかの思春期とケリをつけねばと思う反面，思春期が遠ざかっていくことに寂しさを感じるようになりました。そんな矛盾した感情をもつわけですが，もとより人間存在そのものが矛盾しているという考えに従えば，そのようなわけの分からない自己探求こそ，人間の根源的な欲求であるのではないかと思う次第です。

　何かを始めるときは，どのように終わりを迎えるのかも同時に考えなくてはなりません。いかんせん，何事も始めることはさほど難しいことではなく，どのように結末を迎えるかのほうがよほど重大な問題であるように思われます。カウンセリングルームで出会いと別れを繰り返す毎日のなかで，徐々に私はかつて悩みあぐねた思春期の自分が，いつか私の元へと相談に訪れてくるのを，待っているような感覚を抱くようになりました。そのような存在が目の前に現れたときに，ちゃんと向き合える自分でありたい，力になれる存在でありたい。そのような使命を感じるようになっていきました。

　ところがそこから時間がたち，さらに多くの思春期の方々と出会ううちに，自分の内面に変化が起きていることに気づきました。実は目の前にいる彼らのなかにも，過去の自分の面影は存在しており，彼らと向き

合うことは，過去の自分と向き合うことそのものだったのです。彼らへの治療的関わりは，自分が自分を許していく作業と同義であり，彼らのおかげでようやく私は，中学校生活において迷惑をかけたクラスメートや先生，そして両親に対する罪悪感から自分を少し解放していいと思えるようになってきました。

　私は時々，自分の仕事が思春期の声に耳を傾け，それを周りの大人に向けて，通訳しているように感じることがあります。さしずめ「思春期通訳士」とでもいうのでしょうか。異文化の言語を扱う人に通訳が必要なように，思春期の子どもの心性は，一般的な大人のそれとは相容れないものがあります。それゆえ，異文化の言語を扱うのと同様，思春期の子どもの言葉や行動を翻訳して伝えられる専門家が多く輩出されることが待ち望まれています。

　目下の私の目指すところは，思春期の子どもたちや若者たちとの出会いの機会をもっとたくさん増やしていくことです。カウンセリングルームで待つだけでなく，長く出入りしていない学校という場にも自ら足を運んでみたい。そこで，たくさんの子どもたちや若者たちと直接言葉を交わしてみたい。この本がそのような出会いのきっかけをたくさんつくってくれるとよいなぁと思う次第です。

　……などと，きれいに自己完結し，自己満足する大人は，思春期の目線でみれば吐き気がする存在です。散々理屈をこねて「それらしい主張」をしてきましたが，ついに私はこの本のなかで一度も「学校には行ったほうがいい」とは言いませんでした。いったん結論を出してしまうと覆すことは容易ではありませんから，そうなる前にちゃんと自分の逃げ道を確保しておくという卑怯であざとい人間なのです。

　だから学生諸君には，私のような輩のいうことを簡単に信用しないでいただきたい。もし学校に行くことを強く勧めてくる大人に出会ったときは，疑いの目をもってその根拠を問いただしていただきたい。その人が自己批判精神をもち，業を背負ってその行為に及んでいるかどうか，自分の目で見極めてほしい。そもそも私は学校を忌み嫌った人間です。「そんなやつに，学校に行けと言われてたまるか！」と矛盾を突き，論

破しようとするほうがよほど健全な青少年の姿だと思うのです。

　本書がきっかけで，否きっかけは何でもよいのですが，とにかく思春期の子どもの不器用な生き様を，大人の方にも理解できるよう代弁してくださる専門家の方が，ひとりでも多く社会のなかで活躍されることを心より願っております。

　本書執筆にあたっては，多くの方にサポートをしていただきました。営業職時代の上司である森英誓さんには本書執筆のきっかけをつくっていただきました。また大学院生時代の同期である，渋谷郁子さん，田辺瑠美さん，古屋佳子さんには，同じ臨床心理士の立場から，貴重なご意見を聞かせていただくことができました。さらに学部時代からずっとお世話になっている土田宣明先生には，本書のもとになった研究・論文の指導を含め，大学を離れ社会人になった後も変わらず助けていただいてきました。日々の臨床現場においては，クリニックで働くスタッフのみなさんと時には支え合い，時には切磋琢磨することを通じて，これまでの積み重ねを続けて来られたと実感しております。また，そうした営みは，JMCストレス医学研究主所長定塚江美子先生，そして定塚メンタルクリニック院長定塚甫先生の存在によるところ大きく，まさに臨床家としてのイロハから丁寧にご指導していただいた賜物であります。

　末筆になりますが，本書執筆の編集に携わっていただきました誠信書房の中澤美穂様，曽我翔太様には厚く御礼申し上げます。最後の最後に，最も迷惑をかけた家族には「あなたに父性を語る資格はない」という厳しい言葉をいただいたとおり，この1年間本書執筆のためだけに本当に多くのことを犠牲にしてしまいました。ここに深くお詫び申し上げます。

文　献

愛知県教育委員会（1989）．登校拒否児童生徒の指導．
赤津玲子（2013）．システムズアプローチのトレーニングに関する研究．博士論文．龍谷大学（未公刊）．
天沼香（1998）．「父親」・「父権」・「父性」の復権論の系譜――その批判的検討．東海女子大学紀要，18，1-17．
青木直子（2005）．ほめることに関する心理学的研究の外観．名古屋大学大学院教育発達科学研究科紀要．心理発達科学，52，123-133．
青木滋昌（2011）．精神分析治療で本当に大切なこと――ポスト・フロイト派の臨床実践から．誠信書房
有地亨（1986）．日本の親子二百年．新潮社
有田秀穂（2003）．セロトニン欠乏脳――キレる脳・鬱の脳をきたえ直す．NHK出版
朝日新聞（2016）．不登校の子支援，教育機会確法が成立．http://www.asahi.com/articles/ASJD74Q3MJD7UTIL01D.html（2017/2/24閲覧）
馬場謙一・福島章・小川捷之・山中康裕（編）（1984）．父とは何か――精神分析からみた父親．有斐閣
千原雅代（2015）．不登校の子どもと保護者のための〈学校〉．ミネルヴァ書房
越川房子（1999）．思春期．中島義明ほか（編）．心理学辞典．有斐閣
Freud, S. (1905) Fragment of an analysis of a case of hysteria. *The standard edition of the complete psychological works of Sigmund Freud*, *Vol.7*, pp.112-122.
フロイト，S.（著），中山元（訳）（2011）．ドストエフスキーと父親殺し／不気味なもの．光文社
藤岡孝志（2005）．不登校臨床の心理学．誠信書房

福岡朋行・松井美穂・笠井孝久（2014）．不登校を経験した若者に対する継続的支援の意義と課題．千葉大学教育学部研究紀要，62，301-307．

後藤武俊（2014）．オルタナティブな教育機関に関する政策動向とカリキュラム開発の現状——不登校児童生徒を対象とする教育課程特例校に注目して．琉球大学生涯学習教育研究センター研究紀要：生涯学習フォーラム，8，41-51．

原ひろ子・我妻洋（1974）．しつけ．弘文堂

柊澤利也（2015）．不登校経験者が「高卒」資格を得るまで——チャレンジスクールの事例から．早稲田大学大学院教育学研究科紀要別冊，23，13-22．

日野公三（2001）．ホームスクールも認められる社会へ——自己決定・自己責任の学習を支援するアットマーク・インターハイスクール．情報教育シンポジウム2001論文集，9，255-264．

廣瀬香織（1995）．青年の心理療法における治療者の態度に関する一研究——母性性・父性性の視点から．名古屋大學教育學部紀要．教育心理学科，43，299-300．

蛭田由美（2000）．父性研究の変遷と課題．藍野学院紀要，14，9-16．

一丸藤太郎・菅野信夫（2007）．学校教育相談．ミネルヴァ書房

市川奈緒子（2014）．不登校に関する一考察——発達障害との関連から見えてくるもの．白梅学園大学・短期大学紀要，50，81-97．

一瀬正央（1980）．家族面接の一考察．日本教育心理学会総会発表論文集，22，946-947．

井出草平（2014）．内閣府ひきこもり調査の検討——調査法，ひきこもり票の検討，社会的関係，不登校経験率．四天王寺大学紀要，58，179-202

今井 院弌（2012）．Twitterによる不登校の母親援助——140字支援による可能性とその限界．心理社会的支援研究，3，63-73．

石井昌浩（2009）．丸投げされる学校．育鵬社

石井クンツ昌子（2013）．「育メン」現象の社会学——育児・子育て参加への希望を叶えるために．ミネルヴァ書房

石川亮太郎（2015）．強迫症に対する認知行動療法——認知的介入に焦点を当てて．不安症研究，7，92-99．

伊藤美奈子・小澤昌之・安田崇子・星野千恵子・福智直美・近兼路子・原聡・鶴岡舞（2013）．不登校経験者の不登校をめぐる意識とその予後との関連——通信制高校に通う生徒を対象とした調査から．慶應義塾大学大学院社会学研究科紀要：社会学・心理学・教育学：人間と社会の探究，75，15-30．

岩宮恵子（2009）．フツーの子の思春期．岩波書店
岩崎徹也（1991）．青年期の強迫をめぐって——精神分析の立場から．思春期青年期精神医学，1，128-137．
定塚甫（2004）．子どもたちに未来を委ねるために——受胎から始まる育児．診療新社
定塚甫（2005）．性科学．三一書房
定塚甫（2012）．反抗期は二度訪れる．社会批評社
Judd, L. L. (1965) Obsessive compulsive neurosis in children. *Arch Gen. Psychiatry*, 12, 136-140.
香川克（2012）．不登校の状態像の変遷について——方向喪失型の不登校という新しい型．心理社会的支援研究，2，3-15．
上村恵津子・石隈利紀（2007）．保護者面談における教師の連携構築プロセスに関する研究．教育心理学研究，55，560-572．
狩野力八郎（1988）．家族アプローチの諸様態．精神分析研究，32，37-44．
神崎真美・サトウタツヤ（2014）．不登校経験者受け入れ高校における教員による生徒への支援——フィールドワークに基づくトランスビューモデルの生成．立命館人間科学研究，30，15-32．
加藤敦也（2015）．子どもの不登校における父親のジェンダー規範についての研究——男性学の視点から考える．ソシオロジスト：武蔵社会学論集，17，183-201．
加藤美帆（2012）．不登校のポリティクス　社会統制と国家・学校・家族．勁草書房
川原誠司・阿部佳保里・稲田若恵・原裕子（2015）．「不登校について学び・つながる会」の実践（2014年度）．宇都宮大学教育学部教育実践紀要，1，181-185．
河合隼雄・藤田統（1977）．母なるもの．二玄社
河合隼雄（1980）．家族関係を考える．講談社
川崎澄雄（1999）．男女共同参画における父親について．研究所紀要，3，21-27．
川島一夫・西澤佳代・片山洋一（2003）．教師のための不登校タイプ別10ステップ対応法．信州心理臨床紀要，2，1-10．
川島直人・小林正幸（2013）．不登校対応における，学校と関係機関が連携した指導・支援の在り方について——適応指導教室の視点から．東京学芸大学教職

大学院年報，2，43-50．

木村敏（1972）．人と人との間——精神病理学的日本論．弘文堂

木村敏（編）（1974）．分裂病の精神病理　3．東京大学出版会

木村敏（2006）．自己・あいだ・時間——現象学的精神病理学．筑摩書房

金泰勲（2014）．近代学校の誕生とオルタナティブ教育運動に関する考察——韓国の事例を中心に．教育研究，56，21-30．

岸田幸広（2012）．不登校のきっかけと教師による支援．昭和女子大学学苑，857，34-45．

窪龍子（2014）．日本社会における「父性原理」再考．実践女子大学人間社会学部紀要，10，1-20．

工藤正孝・神居隆・武藤憲一・北島正人・宮野素子（2015）．学校制度の枠を超えた不登校・引きこもり児童生徒への支援——スペース・イオの学習支援体制構築に向けた試行期の取り組み．秋田大学教育文化学部研究紀要，教育科学，70，143-148．

国松清子（2012）．思春期の子どもと親——様々な家族から見えてくるもの．奈良文化女子短期大学紀要，43，57-71．

Lamb, M. E. (Ed.) (1976). *The role of father in child development*. Wiley.

Lidz, T., Fleck, S., & Cornelison, R. (1965). *Schizophrenia and the family*. International Universities Press. 高臣武史・鈴木浩二・佐竹洋人（監訳）（1971）．精神分裂病と家族．誠信書房

前田直樹・園田順一・高山巌（2010）．不登校支援における父親の役割——行動論的アプローチを行うに当たって．九州保健福祉大学研究紀要，11，23-28．

前田直樹・高山巌・園田順一（2012）．学校現場における不登校児への行動論的アプローチ——保護者への心理教育および父親の介入が効果的に作用した中学生の症例を通して．心身医学，52，141-147．

毎日新聞（2016）フリースクール容認断念　慎重論多く，義務教育化見送り　超党派議連．http://mainichi.jp/articles/20160315/ddq/041/010/008000c（2017年2月24日閲覧）

正高信男（2002）．父親力——母子密着型子育てからの脱出．中央公論新社

正高信男（2004）．二人目の母親になっている日本の男たち．主婦の友社

松田君彦・林紋子（2005）．親の叱りことばの表現と子どもの受容過程に関する研究（II）——原因の所在に関する認知が受容過程に及ぼす影響を中心に．鹿

児島大学教育学部教育実践研究紀要，**15**，149-156．

松井美穂・笠井孝久（2012）．不登校を経験した青年の育ちを抑制するもの——不登校経験の意味づけと影響．千葉大学教育学部研究紀要，**60**，55-62．

松坂文憲（2010）．不登校経験者が語る"不登校経験の意味"——"自己資源化の可能性"の提案．岩手大学大学院人文社会科学研究科研究紀要，**19**，39-56．

Mitscherlich, A. (1963). *Auf der Weg zur Vaterlosen Gesellshaft: Ideen zur Sozialpsycholgie*. R. Piper & Co. Verlag. 見山実（訳）(1972)．父親なき社会——社会心理的思考．新泉社

宮田延実（2015）．学校行事の特質を生かした不登校支援についての研究——級友との関係性を再構築する視点から．太成学院大学紀要，**17**，91-98．

文部科学省（2010）平成21年度　児童生徒の問題行動等生徒指導上の諸問題に関する調査．http://www.mext.go.jp/b_menu/houdou/22/12/1300746.htm

文部科学省（2016）平成27年度　児童生徒の問題行動等生徒指導上の諸問題に関する調査．http://www.mext.go.jp/b_menu/houdou/28/10/1378692.htm

森田洋司（2003）．不登校　その後——不登校経験者が語る心理と行動の軌跡．教育開発研究所

村田敦郎・金子勝司（2008）．父親論にみる男性保育士の役割に関する考察．共栄学園短期大学研究紀要，**24**，109-121．

村山晴香（2014）．不登校支援における一望監視施設の拡大と緩やかな取締り．メタフュシカ the journal of philosophy and ethics，**45**，125-138．

鍋田恭孝（2015）．子どものまま中年化する若者たち．幻冬舎

中原大介（2012）．登校拒否・不登校，ひきこもりに関わる国の動向に関する研究（1）——「学校不適応対策調査研究協力会議」及び「不登校問題に関する調査研究協力会議」の各報告の分析・検討から．大阪健康福祉短期大学紀要，**11**，65-78．

中村豊・重松司郎（2015）．生徒指導上の諸問題及び今日的教育課題に特別活動が果たす役割．教育学論究，**7**，145-155．

中井久夫・山中康裕（1978）．思春期の精神病理と治療．岩崎学術出版社

Nakanishi, K. (2007). Services as a tyro Psychologist in Psychosomatic Medicine. 19th world congress on Psychosomatic Medicine Quebec City in Canada, August 26-31, 2007.

中西康介・疋田陽子・鈴木美奈子・荒深千景・柵木美佳・杉浦英子・定塚江美子・定塚甫（2011）．叱られ体験・褒められ体験が自己効力感に及ぼす影響．

第52回心身医学会総会ならびに学術講演会

中西康介・疋田陽子・定塚江美子・定塚甫（2012）．叱られ体験・褒められ体験が自己効力感に及ぼす影響（第2報）——何であの時叱ってくれなかったの？．第53回心身医学会総会ならびに学術講演会

中西康介・疋田陽子・定塚甫（2014）．小児・思春期外来における保護者との事前面接の適用可能性について．第55回心身医学会総会ならびに学術講演会

中西康介（2014）．不登校児への治療的関わりにおける父性の果たす役割．心理臨床学研究，32，316-324．

中馬好行・霜川正幸（2015）．不登校や問題行動の未然防止につながる学校づくりの実際．教育実践総合センター研究紀要，39，231-240．

根本眞弓（2014）．『西の魔女が死んだ』に見る不登校を呈する思春期女子の心理——精神分析・対象関係論の観点から．大阪樟蔭女子大学研究紀要，4，23-32．

小川幸男（2016）．ひとり親家庭における第二反抗期．別府大学紀要，57，67-72．

岡堂哲雄（1967）．家族関係の臨床心理．新書館

小野寺利津子・池本喜代正（2015）．通常の学校における特別支援教育体制へのスクールカウンセラーの関与（その2）　学校不適応状態と発達障害との関連について．宇都宮大学教育学部教育実践紀要，1，13-20．

大橋節子・金子恵美子（2015）．不登校経験のある高校生のレジリエンス育成と学校適応の質的研究——通信制K高校パフォーマンスコースに焦点づけて．環太平洋大学研究紀要，9，307-318．

大日向雅美（1990）．今父性に求められるもの．日本家政学会誌，41，920-922．

大倉三代子（1999）．幼児の道徳性の発達と父性．日本保育学会大会研究論文集，52，482-483．

恩庄香織（2015）．学校と保護者の関係をつなぐ補助ツールの提案——不登校の子どもを一緒に支えるために．京都教育大学大学院連合教職実践研究科年報，4，45-59．

小野淳・吉田梨乃・吉森丹衣子・斎藤富由起（2014）．適応指導教室におけるSSTとインプロの協働的プログラムの作成と実践に関する質的研究　その1——協働的プログラムの完成まで．千里金蘭大学紀要，11，1-9．

小野昌彦（2014）．学校教育法施行令を遵守した不登校認定導入による市単位の中学生不登校発現予防の効果——新規不登校発現率半減を達成した東大和市の

例．スクール・コンプライアンス研究，2，71-80．
尾崎光司（2013）．不登校の児童生徒を支援する方法としての社会的スキル訓練．人文論究，63，43-53．
斎藤万比古（2000）．不登校の病院内学級中学校卒業後10年間の追跡研究．児童青年精神医学とその近接領域，41，377-399．
斎藤万比古（2015）．不登校・ひきこもりの心性 東京家政大学附属臨床相談センター 第18回臨床心理教育研修会．東京家政大学附属臨床相談センター紀要，15，1-20．
坂田真穂・竹田眞理子（2007）．不登校への家族療法的アプローチの試み．和歌山大学教育学部紀要．教育科学，57，9-14．
佐々木司（2003）．アメリカ50州現行教育制度の法規分析．研究論叢．芸術・体育・教育・心理，53，111-124．
佐々木保行（1996）．父親の発達研究と家族システム──生涯発達心理学的アプローチ．教育心理学年報，35，137-146．
瀬尾大（2013）．不登校，その知られざる現実と正体．扶桑社
相馬契太（2013）．不登校の捉え方と居場所の理解．公教育システム研究，12，29-41．
ソンティ，L．（著），佐竹隆三（訳）（1973）．運命への挑戦──運命心理学論集．金沢文庫
高田純・内野悌司・磯部典子・小島奈々恵・二本松美里・岡本百合・三宅典恵・神人蘭・矢式寿子・吉原正治（2015）．大学生の発達障害の特性と不登校傾向の関連．総合保健科学，31，27-33．
高垣忠一郎（2006）．「自己愛」と「自己肯定感」から考える子育てにおける「平和」と「暴力」．心理科学，26，48-58．
高野美雪・岩永靖（2013）．大学生による小・中学生に対する生活・学習支援サポーター活動の現状と課題．紀要 visio: research reports，43，23-31．
竹中烈（2014）．不登校経験者へのメッセージとしての多様なライフストーリー──Fonte に連載された著名人インタビューを手がかりに．教育・社会・文化：研究紀要，14，1-13．
滝川一廣（2012）．学校へ行く意味・休む意味．日本図書センター
田中圭治郎（2002）．フリースクールの課題と学校の役割．教育学部論集，13，85-100．
田中智志・橋本美保（2013）．教育の理念・歴史．一藝社

寺田道夫（2012）．不登校児への対処 X——複合的アプローチ．東海学院大学紀要，**6**，229-240．

坪内宏介編（1989）．非行．同朋舎

内田利広・永尾彰子（2015）．不登校生徒を進路実現につなげるレジリエンスに関する研究——学校に行ける力の源をめぐって．京都教育大学紀要，**127**，103-118．

氏原寛・亀口憲治・成田善弘・東山紘久・山中康裕共編（1992）．心理臨床大辞典．培風館

山本奨（2015）．不登校支援の効果に関する校種間比較——不登校状態と支援方法の適用関係の再分析から．岩手大学教育学部研究年報，**74**，93-106．

矢野裕俊（2000）．義務教育体制における就学義務のとらえ方——日本とアメリカの比較考察．教育学論集，**26**，1-13．

安井勝（2015）．学校カウンセリングと学校ソーシャルワークの接合に関する実践的研究——不登校女児とその家庭への教師による訪問型支援から．名古屋女子大学紀要．家政・自然編，人文・社会編，**61**，211-222．

矢澤澄子・国広陽子・天童睦子（2003）．都市環境と子育て——少子化・ジェンダー・シティズンシップ．勁草書房

読売新聞（2016）．性格と所得の関連，東大チームが調査…「まじめさ」での差は198万円に．https://yomidr.yomiuri.co.jp/article/20160513-OYTET50012/（2017年2月24日閲覧）

著者紹介

中西　康介（なかにし　こうすけ）
　1980年生まれ。2005年，立命館大学大学院応用人間科学研究科応用人間科学専攻修士課程修了。株式会社リクルートHRマーケティング東海（現 株式会社リクルートジョブズ）企画営業職を経て，臨床心理士として定塚メンタルクリニックに勤務。
　主な論文として「不登校児への治療的関わりにおける父性の果たす役割」（心理臨床学研究，32，316-324，2014）があるほか，日本心理臨床学会・日本心身医学会・日本家族心理学会に所属し，研究発表を行なう。

家族と向きあう不登校臨床
──保護者の積極的な関わりを引きだすために

2017年7月20日　第1刷発行

著　者　　中　西　康　介
発行者　　柴　田　敏　樹
印刷者　　藤　森　英　夫

発行所　株式会社　誠信書房
〒112-0012 東京都文京区大塚 3-20-6
電話 03（3946）5666
http://www.seishinshobo.co.jp/

©Kosuke Nakanishi, 2017　　　　　　印刷／製本：亜細亜印刷㈱
検印省略　落丁・乱丁本はお取り替えいたします
ISBN978-4-414-41627-5 C3011　Printed in Japan

JCOPY ＜（社）出版者著作権管理機構　委託出版物＞
本書の無断複写は著作権法上での例外を除き禁じられています。複写される場合は，そのつど事前に，（社）出版者著作権管理機構（電話 03-3513-6969，FAX03-3513-6979，e-mail: info@jcopy.or.jp）の許諾を得てください。

学校臨床に役立つ精神分析

平井正三・上田順一 編

子どものその後の人生を左右する学校現場を読み解き，児童生徒を見守り理解するうえで精神分析の考え方がどのように活かされ役立つかを豊富な実践例を通して紹介する。

目次
第1章　学校現場で役に立つ精神分析
第2章　学校現場における心理職の専門性
第3章　特別支援教育の基礎知識
第4章　スクールカウンセリングに精神分析的観点を利用する
第5章　教室にいる発達障害のある子どもと教員を支援する
第6章　中学校における精神分析的志向性を持つカウンセリングの意義
第7章　高校生の分離を巡る葛藤と家庭環境
第8章　高校の統廃合という現代的事象とそこで惹起されるもの
第9章　高校における「いじめ」と関わる
第10章　教職員チームへの支援
第11章　学校現場に精神分析的観点を育む

A5判並製　定価(本体2500円＋税)

日本のありふれた心理療法
ローカルな日常臨床のための心理学と医療人類学

東畑開人 著

欧米の心理療法モデルに対して現場レベルで妥協され，変形し，語り難いものとなった心理療法こそ日本のありふれた心理療法である。

目次
序章　ポストモダンのローカルな心理療法論
第Ⅰ部　心理学する治療文化
　第1章　日本のありふれた心理療法のための理論
　第2章　「心理学すること」の発生
第Ⅱ部　こころの表面を取り繕うこと
　第3章　覆いをつくることの二種
　第4章　かたちづくることと美的治癒
　第5章　「オモテとウラ」の裏
第Ⅲ部　人類学的分析へ
　第6章　文化の中の心理療法
　第7章　心理療法を再考する
第Ⅳ部　方法について
　第8章　野生の事例研究論
　補　章　ありふれた事例研究執筆マニュアル

A5判上製　定価(本体3400円＋税)